Svetlana Silova

Via Sacra

Svetlana Silova

Via Sacra

Atividade patriótica do clero ortodoxo na Bielorrússia durante a Grande Guerra Patriótica (1941-1945).

ScienciaScripts

Imprint
Any brand names and product names mentioned in this book are subject to trademark, brand or patent protection and are trademarks or registered trademarks of their respective holders. The use of brand names, product names, common names, trade names, product descriptions etc. even without a particular marking in this work is in no way to be construed to mean that such names may be regarded as unrestricted in respect of trademark and brand protection legislation and could thus be used by anyone.

Cover image: www.ingimage.com

This book is a translation from the original published under ISBN 978-3-659-81198-2.

Publisher:
Sciencia Scripts
is a trademark of
Dodo Books Indian Ocean Ltd. and OmniScriptum S.R.L publishing group

120 High Road, East Finchley, London, N2 9ED, United Kingdom
Str. Armeneasca 28/1, office 1, Chisinau MD-2012, Republic of Moldova, Europe
Printed at: see last page
ISBN: 978-620-8-14712-9

Com a bênção de Sua Eminência PHILARETH

Metropolita de Minsk e Slutsk, Exarca Patriarcal de toda a Bielorrússia

Silova S.V. CREST PATH: A IGREJA ORTODOXA BELORUSIANA NO PERÍODO DA OCUPAÇÃO ALEMÃ 1941-1944 G.G.

O livro contém informações sobre alguns aspectos da vida da igreja na Bielorrússia ocupada, caracteriza e dá numerosos exemplos de actividades patrióticas do clero ortodoxo bielorrusso durante a Grande Guerra Patriótica.

Ao preparar o texto para publicação, o autor teve o trabalho de eliminar muitos erros, que, infelizmente, ocorreram no livro: *S.V. Silova. The Way of the Cross. O Clero Ortodoxo na Bielorrússia durante a Grande Guerra Patriótica 1941-1945. Mn. 2004.*, e complementou-o com informações únicas de carácter factual.

Concebido para os interessados na história da nossa Pátria.

Silova S.V.

Editor Científico Sheikin G.N.

1

ÍNDICE DE CONTEÚDOS

*"Ainda que eu ande no meio da sombra da morte, não temerei mal algum, porque tu,
Senhor, estás comigo" (Salmo 22,4).*

DO AUTOR

Quanto mais longe de nós estiverem os acontecimentos do passado, mais objetivamente os podemos analisar. A Segunda Guerra Mundial custou a vida a um em cada três habitantes da Bielorrússia. A nossa república viveu o horror da ocupação nazi. Agora estamos a pensar cada vez mais na fonte da força moral e mental das pessoas que permaneceram na ocupação e que se esforçaram não só por sobreviver, mas também por lutar. Não há dúvida de que a Igreja Ortodoxa ocupava um lugar importante no apoio moral da população. Durante os anos de ocupação, o templo era um dos poucos locais onde uma pessoa se podia dirigir ao Senhor e rezar por aqueles que lutavam nas frentes, por aqueles que faziam parte dos partisans, por aqueles cujo destino era desconhecido. Os escassos relatórios do Sovinformburo escondiam o horror, a dor e a esperança com que a população da Bielorrússia viveu de junho de 1941 a julho de 1944.

Até hoje, as avaliações do papel da Igreja Ortodoxa em vários períodos históricos não são inequívocas. Isto aplica-se plenamente ao período de 1941-1945   . Os representantes do governo soviético

Na escola de História, aqueles que estudavam os vários aspectos e aspectos da Grande Guerra Patriótica não consideravam os problemas da Igreja, definindo conscientemente o papel da Igreja Ortodoxa como reacionário e a política seguida pelos representantes do clero ortodoxo como de ajuda e cumplicidade ao regime nazi. Mas foi com a eclosão da Grande Guerra Patriótica que se tornou evidente a orientação patriótica das actividades da Igreja Ortodoxa, que também nunca antes tinha sido objeto de uma investigação séria. Os clérigos ortodoxos lutaram nas frentes da Grande Guerra Patriótica, participaram no movimento partidário e clandestino no território da Bielorrússia e deram as suas vidas em prol da vitória sobre o nazismo. Devemos também recordar as actividades pastorais e humanitárias do clero que permaneceu com os seus paroquianos durante a ocupação. É necessário recordar tudo isto e saber que o clero ortodoxo partilhou totalmente o destino amargo de todos aqueles que sobreviveram à guerra.

A história do nosso Estado é complexa, interessante e contraditória. Durante muitos séculos, o território do atual Estado - a República da Bielorrússia - fez parte de várias formações estatais e foi designado por diferentes nomes. O autor reserva-se o direito de utilizar o termo

"Bielorrússia" como parte do nome "URSS Bielorrussa", uma parte da URSS, uma formação estatal que existia na altura dos acontecimentos descritos.

Para conveniência do leitor, o autor utiliza a divisão territorial-administrativa moderna da República da Bielorrússia.

O autor agradece a todos os que têm e estão dispostos a partilhar materiais sobre a ajuda prestada pelos padres ortodoxos aos guerrilheiros e combatentes clandestinos na Bielorrússia ocupada. Agradecemos que enviem os vossos comentários a Svetlana Vladimirovna Silova para o endereço: 9 Brikel St., Brickel St., Grodno, 230005, flat 42.

Capítulo 1

A situação da Igreja Ortodoxa na Bielorrússia em 1941-1944.

Os acontecimentos da Grande Guerra Patriótica estão cada vez mais longe de nós. Já nasceram várias gerações que não conhecem o uivo das sirenes de ataque aéreo, o assobio das balas e dos obuses. Tomamos por garantido o céu pacífico sobre as nossas cabeças e as papoilas douradas das igrejas ortodoxas como algo permanente e imutável. Mas o período soviético da existência da nossa república foi um dos mais trágicos da história da Igreja Ortodoxa. O Partido Bolchevique, que chegou ao poder em outubro de 1917, escolheu o ateísmo militante como sua política oficial. Na parte oriental da Bielorrússia, que fazia parte da União Soviética desde 1922, a vida da igreja e das paróquias foi completamente destruída no decurso da monstruosa perseguição das autoridades soviéticas. Em 1939, todas as igrejas e mosteiros foram encerrados, desde 1936 que não existia qualquer cuidado arquipastoral e praticamente todo o clero foi sujeito a repressões. Muitos membros do clero foram martirizados. Na Bielorrússia Ocidental, que fazia parte do Estado polaco até setembro de 1939, apesar das perseguições, muitas igrejas continuaram a celebrar cultos. De acordo com as estatísticas, em junho de 1941, estavam em funcionamento 542 igrejas ortodoxas na então BSSR. Todas elas se situavam na Bielorrússia Ocidental.

Em maio-junho de 1945, havia mais de mil igrejas na Bielorrússia, 625 das quais estavam registadas. Então, o que é que aconteceu de junho de 1941 a junho de 1945 na Bielorrússia? O que é que levou ao renascimento da Igreja Ortodoxa? Porque é que alguns historiadores chamam a este período "o segundo batismo da Rússia"?

É evidente que Hitler não procurava o bem da Igreja, pelo contrário, sublinhava: "... a nossa política na vasta extensão russa deve ser a de encorajar toda e qualquer forma de desunião e cisma" [23, p. 92]. [23, c. 92]. No entanto, no período inicial da guerra (junho - agosto de 1941), os nazis prestaram pouca atenção às questões da Igreja. Obviamente, eles não estavam preparados para a abertura em massa e espontânea de igrejas pelo povo de Deus. Os comandantes das unidades avançadas da Wehrmacht permitiram a abertura de igrejas sem prestar atenção à orientação pró-patriarcal (ou seja, a Igreja Mãe - o Patriarcado de Moscovo dirigido pelo Metropolita Locum Tenens Patriarcal Sergius (Stragorodsky)) do clero e dos paroquianos. Mas já a partir do outono de 1941 começou um período de controlo e regulamentação rigorosos da atividade da Igreja Ortodoxa na Bielorrússia ocupada. No

Comissariado Geral da Bielorrússia em Minsk, que era dirigido por Wilhelm Kube, foi criado um departamento de política. O funcionário Leopold Jurda, que o dirigia, implementou as políticas nazis para a Igreja. Já em outubro de 1941, o Comissariado Geral da Bielorrússia declarou que a Igreja Ortodoxa na Bielorrússia só podia existir como igreja autocéfala. Em 3 de outubro de 1941, foi enviada uma mensagem ao Metropolita Panteleimon (Roznhevsky), que não só apontava a necessidade de criar uma igreja autocéfala na Bielorrússia, mas também estipulava o seu nome - "Igreja Nacional Ortodoxa Autocéfala da Bielorrússia" [75, f.15]. [75, л.15].

Foto. Metropolita Panteleimon (Roznhevsky). Foto do arquivo pessoal do autor.

Todos os padres e reitores de paróquias foram obrigados, como já se fazia anteriormente, a elaborar listas do clero, ou seja, a fornecer dados sobre a situação da igreja, do clero e da paróquia, e a preencher questionários pessoais dos padres e salmistas. Todos os padres e clérigos tinham de se registar junto das autoridades de ocupação. O clero ortodoxo não tinha o direito de circular livremente no território da Bielorrússia. Todos estes factos atestam o controlo rigoroso das autoridades de ocupação sobre as actividades da Igreja Ortodoxa no território ocupado.

Algumas figuras nacionais bielorrussas que cooperaram ativamente com o regime de ocupação também tentaram controlar a vida da igreja. De uma forma incompreensível, pretendiam utilizar a força bruta deste regime para o estabelecimento dos princípios nacionais bielorrussos! Tentaram envolver urgentemente a Igreja Ortodoxa na causa do renascimento nacional bielorrusso, que eles esperavam. Pouco se importavam com a observância da ordem canónica interna da Igreja. Havia um conflito constante entre eles e o episcopado ortodoxo, que tem como uma das suas principais tarefas a estrita observância dos cânones da Igreja, relativamente à sua influência na adoção de decisões de importância puramente eclesiástica-canónica pelo episcopado. Assim, por exemplo, insistiram na aceleração da bielorussização da Igreja Ortodoxa, defenderam a declaração imediata de autocefalia; através da elaboração de numerosos memorandos de carácter ultimato e de tentativas de criação de um certo órgão supra-igreja, procuraram dirigir e controlar a vida interna da Igreja.

Vladyka Panteleimon (Rozhnovsky), que estava à frente da Igreja, conseguiu convocar um conselho de bispos em 3 de março de 1942, no qual foi decidido dividir a Bielorrússia em seis dioceses: 1). Vitebsk, presidida pelo Bispo Athanasius (Martos) de Vitebsk-Polotsk; 2). Grodno, presidida pelo Bispo Venedikt (Bobkovsky) de Grodno-Belostok; 3). Minsk, presidida pelo Metropolita Panteleimon (Rozhnevsky) de Minsk e de toda a Bielorrússia; 4). Mogilev, presidida pelo Bispo Filofei (Narko) de Mogilev e Mstislavl; 5). Novogrudsk, presidida pelo Bispo Veniamin (Novitsky) de Novogrudsk; 6). Smolensk, presidida pelo Bispo Simeão (Sevbo) de Smolensk [80, l. 67].

Foto. Dom Athanasius Martos, Dom Venedikt Bobkovsky, Dom Gregory Borishkevich (da esquerda para a direita)
Foto. Bispo Atanásio (Martos), Arcebispo Venedikt (Bobkovsky), Bispo Gregório (Borishkevich) (da

esquerda para a direita). Foto do arquivo pessoal do autor.

As autoridades de ocupação, conscientes da orientação pró-patriarcal do Metropolita Panteleimon, violaram claramente os cânones da Igreja Ortodoxa, que proíbem as autoridades seculares de interferir na decisão de questões puramente eclesiásticas. As autoridades de ocupação simplesmente afastaram-no fisicamente da liderança da metrópole. No final de maio de 1942, o Metropolita foi convocado para o Comissariado Geral da Bielorrússia, onde Leopold Jurda anunciou oficialmente a destituição do Metropolita Panteleimon (Roznowski) e a necessidade de transferir a gestão dos assuntos eclesiásticos para o Arcebispo Philotheus (Narko). O Metropolita Panteleimon apresentou um protesto, mas este foi rejeitado. Foi-lhe ordenado que se preparasse para partir para Lyady [63, p. 276], onde permaneceu até ao outono de 1942 e, durante o inverno, as autoridades alemãs transferiram-no para a cidade de Vileika, sob a supervisão da polícia militar alemã.

Foto. Arcebispo Filoteu (Narco). Fotografia proveniente dos fundos do Arquivo Estatal de Documentos Fílmicos e Fotográficos da Bielorrússia (BGAKFD).

A construção de igrejas no território das dioceses de Grodno e Bialystok foi um pouco diferente. Após a anexação destes territórios à Prússia Oriental, ficaram sob a jurisdição do Metropolita Serafim (Lyada) de Berlim. A 5 de janeiro de 1942, o Arcebispo Venedikt (Bobkowski) e Eugene Kotovich chegaram do mosteiro de Zhirovitsky à cidade de Hrodna para organizar a vida da Igreja.

Inicialmente, não havia planos para criar a diocese de Gomel. Mas, a 28 de maio de 1943, realizou-se um congresso do clero na cidade de Gomel, no qual se decidiu pedir ao

Metropolita Panteleimon (Rozhnovsky) que aprovasse uma diocese independente na região de Gomel. O pedido foi aceite. Em abril de 1944, a diocese de Brest-Polesye foi anexada ao Metropolitado da Bielorrússia. Assim, a Igreja Ortodoxa Bielorrussa passou a ter oito dioceses.

Uma página importante e, à sua maneira, instrutiva da construção de igrejas no território da Bielorrússia ocupada foi a tentativa de declarar a autocefalia e de criar uma autoproclamada "Igreja Nacional Ortodoxa Autocéfala Bielorrussa". A concretização desta ideia visava, antes de mais, o objetivo de separar o rebanho bielorrusso da Igreja Mãe - o Patriarcado de Moscovo, o que correspondia plenamente às instruções de A. Hitler. O trabalho nesta direção determinou, em muitos aspectos, a política eclesiástica das autoridades de ocupação e dos seus sequazes. Sob pressão direta da Alemanha, a questão da autocefalia foi colocada ao Conselho da Igreja Ortodoxa de toda a Bielorrússia, que foi solenemente aberto em 30 de agosto de 1942 no Mosteiro Spaso-Preobrazhensky de Minsk. Este concílio só pode ser chamado de "totalmente bielorrusso" condicionalmente, pois a totalidade da Igreja Ortodoxa bielorrussa não estava representada nele. A sua convocação foi inspirada pelas autoridades de ocupação, que deram todo o apoio organizativo ao evento. Chamou a atenção a ausência, entre os delegados, do legítimo Primaz da Igreja, o Metropolita Panteleimon (Rozhnevsky), que estava de facto preso pelos alemães. As autoridades de ocupação não permitiram que ele regressasse a Minsk. Sob a pressão destas, o Metropolita transferiu por escrito todos os poderes de direção do Concílio para o Arcebispo Filoteu (Narko). O Concílio proclamou o estabelecimento da autocefalia da Igreja Ortodoxa Bielorrussa e adoptou o seu Estatuto. No parágrafo 113 deste documento afirmava-se que a declaração canónica de autocefalia se seguiria ao seu reconhecimento por todas as Igrejas Ortodoxas Locais [107]. Isto sugere que a autocefalia foi proclamada formalmente, muito possivelmente até para reduzir o grau de pressão sobre o episcopado por parte da administração de ocupação. Posteriormente, os documentos do Concílio nunca receberam a aprovação canónica e o reconhecimento de toda a Igreja Plena. Nem o poderiam receber, pois foram adoptados sob a pressão das autoridades seculares, e mesmo estrangeiras, da ocupação. Em 1941-1944, um dos problemas mais difíceis de resolver era a questão do pessoal. Enquanto nas regiões ocidentais da Bielorrússia não havia necessidade especial de padres, nas regiões central e oriental havia uma grande escassez deles. Era necessário criar instituições de ensino para formar clérigos num curto espaço de tempo. Foram abertos cursos para a formação de candidatos a cargos sacerdotais e eclesiásticos nas cidades de Minsk, Grodno, Novogrudok, Gomel, Vitebsk (em 1942, foram formadas até 20 pessoas), Smolensk e no mosteiro de Zhirovitsky. A 15 de abril de 1943, os segundos cursos teológico-pastorais e de salmistas-cantores começaram a funcionar em Minsk. Os cursos funcionaram durante seis meses. Em abril de 1944 foram preparados 22 candidatos ao sacerdócio, quatro dos quais receberam certificados de sacerdotes [19]. Além disso, a administração diocesana de Grodno emitiu uma circular, segundo a qual todos aqueles que o desejassem poderiam ir com atividade missionária para as regiões orientais, para lutar contra a impiedade que aí prevalecia sob o regime soviético. Foram enviados voluntários para a cidade de Minsk, à disposição do Metropolita Panteleimon [4].

No total, de 1941 a 1945, 213 pessoas foram ordenadas sacerdotes na Bielorússia. Mas havia também os chamados auto-svyatis - "padres" que se ordenavam a si próprios [70, l. 51, 52].

[1]Com o consentimento e a autorização da Rada Central da Bielorrússia, em 1944, foi planeada a abertura de seminários teológicos com um curso de seis anos. Em primeiro lugar - "abrir metade e a sexta classe".

O recomeço dos serviços religiosos no território ocupado da Bielorrússia foi relativamente rápido. Assim, por exemplo, o primeiro serviço religioso em Minsk após o início da guerra teve lugar na Igreja da Transfiguração do Salvador, no convento com o mesmo nome, em julho de 1941 [16].

Era necessário obter a autorização das autoridades de ocupação para construir ou reconstruir uma igreja. Regra geral, os paroquianos dirigiam-se ao Arcebispo Filoteu e este ao Comissariado Geral da Bielorrússia, onde o assunto era finalmente resolvido.

Em janeiro de 1942, por ordem do clero, o Arquimandrita Serafim (Shakhmut) e o padre Grigory Kudarenko foram enviados para a Bielorrússia Oriental para organizar a vida da Igreja. (Para mais pormenores sobre o destino deste missionário, ver: Krivonos F. Zhitie priest-martyrs of Minsk diocese (1st half of XX century). - Minsk, 2002. - C. 115 - 165.))

---

[1] **BCR** (Belarusian Central Rada) - órgão consultivo auxiliar que actua no território ocupado da Bielorrússia. Foi criado em dezembro de 1943 pela Rada sob a alçada do Comissariado Geral da Bielorrússia. A BTR era composta por 14 pessoas, sendo Radosław Ostrowski o seu presidente. Formalmente, os hitlerianos atribuíram ao BTR a gestão dos assuntos escolares, da cultura, da assistência social e da Defesa Regional da Bielorrússia. Na realidade, os alemães detinham o poder.

Apenas assinalamos aqui que já nos nossos dias o pe. Serafim foi contado entre os santos como um novo mártir.

Fotografia. O edifício da catedral de Polotsk destruído durante a ocupação nazi. Foto do fundo BGAKFFD.

Foto. Ruínas do templo em Zhlobin.
Foto do fundo GAKFFD.

Durante a sua estada nos oblasts de Vitebsk, Mogilev, G omel e Minsk, o Arquimandrita Serafim (Shakhmutya) e o padre Grigory Kudarenko dirigiram mais de noventa serviços diferentes [3]. Regressados a Minsk, o Arquimandrita Serafim e o P. Grigory serviram na igreja de Minsk. Grigory serviram na igreja em honra do Espírito Santo (atualmente a Catedral do Espírito Santo), que tinham inaugurado. Foi reconstruído um mosteiro na igreja. Em junho

11

de 1944, o Arquimandrita Serafim e o P. Gregório foram para Grodno. Em junho de 1944, o Arquimandrita Serafim e o Padre Gregório foram para Grodno, onde passaram muito tempo nos hospitais, dando a comunhão aos feridos. Em Grodno, foram presos em setembro de 1944.

No total, foram abertas cerca de 120 paróquias na diocese de Minsk em 1941, o que correspondia a 30% do seu número anterior à revolução.

Em 1943, existiam 20 igrejas ortodoxas no distrito de Bobruisk, que tinham sacerdotes e realizavam cultos [13].

Em junho de 1941, não havia uma única igreja em funcionamento em Vitebsk. Todas as igrejas em Vitebsk e em 11 distritos tinham sido fechadas antes de 1930. Muitas igrejas fechadas foram transformadas em armazéns. Numa das igrejas foi criado um museu antirreligioso, onde eram guardadas as relíquias da Venerável Eufrosina de Polotsk.

Fotografia. Vista geral da igreja destruída pelos invasores nazis na cidade de Ushachi, região de Vitebsk.

Foto dos fundos do BGAKFFD.

Em agosto-setembro de 1941, a Igreja da Santa Proteção foi posta em ordem. A primeira missa foi celebrada em 14 de outubro de 1941. A Catedral de Vitebsk deveria ser reparada desde o outono de 1943, mas foi impedida por acções militares. No total, durante a ocupação alemã, em todos os condados da antiga província de Vitebsk, nas cidades de Nevel (atual região de Pskov), Velizh (atual região de Smolensk) começaram a funcionar igrejas ortodoxas [1, p. 91].

Havia três congregações em Mogilev. Foram criados distritos eclesiásticos nas cidades. Em Orsha havia dez congregações, em Shklov - sete, em Borisov - vinte e uma [23, pp. 203-204].

Em 1943, foram abertas mais de 78 paróquias em toda a Bielorrússia. E nos primeiros meses de 1944, apenas na diocese de Minsk foram abertas 5 paróquias [19]. Em 13 de fevereiro de 1944, a igreja recém-construída no subúrbio de Kozyrevo, em Minsk, foi solenemente consagrada em nome de São Nicolau.

Fotografia. Igreja de São Nicolau em Kozyrevo em 1944.
Fotografia do arquivo pessoal do autor.

Um grande número de baptismos e casamentos teve lugar nas igrejas recém-inauguradas. Nos primeiros três ou quatro meses de ocupação da cidade.

Cerca de 22.000 crianças foram baptizadas em Minsk. Os padres casavam 20 a 30 casais de cada vez [1, p. 87]. Infelizmente, não sobreviveram fotografias de 1941-1944, mas as fotografias posteriores permitem-nos imaginar como tudo se passava.

Fotografia. Durante o sacramento do matrimónio na catedral de Grodno,
fotografia do arquivo pessoal do autor, 1946.

A maior parte dos paroquianos confessava-se. Durante os serviços arquidiocesanos, as igrejas de Minsk estavam tão cheias que era impossível levantar a mão para se cruzar.

Quase todas as igrejas recentemente abertas criaram comités voluntários para ajudar os pobres e as vítimas da guerra. Em Minsk, todas as igrejas transferiam 10% das suas receitas para ajudar os pobres [18]. E no distrito de Bobruisk, 2% dos lucros totais de todas as igrejas e os donativos voluntários dos crentes eram transferidos mensalmente para o "Fundo das Viúvas e dos Órfãos", que ajudava as viúvas e os órfãos e as famílias dos padres exilados pelas autoridades soviéticas [13]. Em Minsk, o Arquimandrita Serafim (Shakhmut) dirigia um comité missionário que prestava cuidados espirituais aos refugiados e aos doentes. Dois sacerdotes deste centro trabalhavam em orfanatos e hospitais. Também se realizavam serviços divinos nos campos de prisioneiros de guerra. Por vezes, estes serviços resultavam na tonsura dos prisioneiros de guerra como monges.

Surgiu em Minsk uma oficina para o embelezamento das igrejas. E em novembro de 1943 o Museu Histórico de Minsk transferiu, através do padre Nikolai Lapitsky, para a Metrópole Ortodoxa Bielorrussa em Minsk uma coleção de igrejas com trinta e três itens [83, l. 15, 17].

A vida da Igreja era particularmente animada antes das festas. As mulheres e os coros das igrejas participavam nos trabalhos preparatórios. Já em novembro de 1941, o mestre de coro do teatro bielorrusso M.I. Nikolaevich organizou o coro metropolitano, que incluía os melhores cantores do coro do grupo de ópera do teatro bielorrusso de Minsk [88, l. 22]. Na

Catedral de Pedro e Paulo, em Minsk, havia um coro infantil, no qual cantavam cerca de trinta crianças. Em 1944, a Epifania foi amplamente celebrada. Infelizmente, o autor não dispõe de fotografias de 1944, mas fotografias posteriores permitem-nos imaginar o número de participantes na Via Sacra.

Fotografia. Procissão ao rio Neman, em Grodno, na Epifania de 1946.
Fotografia do arquivo pessoal do autor.

Durante o período de ocupação, registou-se um renascimento da vida monástica. O lugar central na atividade eclesiástica da Bielorússia militar foi ocupado pelo Mosteiro da Santa Dormição de Zhirovitsky. Em maio de 1945 havia 25 monges a viver no mosteiro [93, l. 7].

Foto. Vista do Mosteiro da Assunção da Virgem Maria de Zhirovitsky.
Fotografia de 1946, proveniente dos fundos do BGAKFFD.

Durante a ocupação alemã, retomou o seu trabalho o mosteiro feminino Spaso-Preobrazhensky (17 de agosto de 1941) e o mosteiro masculino do Espírito Santo (15 de maio de 1942) em Minsk, o mosteiro masculino Lyadansky (1942) [110], o mosteiro feminino Spaso-Eufrosinievsky (1942) na cidade de Polotsk. Com a autorização das autoridades alemãs, em 23 de outubro de 1943, de Vitebsk, na igreja Spasskaya deste antigo mosteiro de Polotsk, as relíquias do monge Euphrosyne foram devolvidas [111, p.75]. A abadessa Eleutheria (Novikova) era a abadessa do mosteiro [96, l. 278].

Fotografia. A Igreja da Transfiguração do convento Spaso-Euphrosynevsky em Polotsk em 1944.

Foto dos fundos do BGAKFFD.

O convento da Natividade da Bem-Aventurada Virgem Maria, situado em Hrodna, também estava a funcionar. [39, л. 5]. Durante um período muito curto, o mosteiro de Chenkovo, na região de Gomel, retomou a sua atividade. Foi aberto pelo Arquimandrita Serafim (Shakhmut) e pelo Padre Gregório Kudarenko. Reuniram 30 irmãs, que elegeram a monja Polixénia como abadessa. O Arquimandrita Serafim fez a tonsura de Manefa (Skopicheva) [117, p. 157]. Infelizmente, não existem dados sobre o número de freiras, nem sobre a atividade económica do mosteiro. Sabe-se apenas que, em consequência das expedições punitivas dos ocupantes, em setembro de 1943, o mosteiro de Cenkovo queimou duas igrejas e edifícios residenciais, as freiras foram dispersas e os bens foram saqueados. A fábrica de velas do mosteiro também foi queimada [90, l. 21].

No final de maio de 1944, perante a aproximação do exército soviético, todos os hierarcas ortodoxos bielorrussos se reuniram em Hrodna. Ao mesmo tempo, transferiram as relíquias do santo mártir infantil Gabriel de Bialystok do convento de Spaso-Preobrazhensky, em Minsk. Em julho de 1944, por ordem das autoridades de ocupação, todo o episcopado bielorrusso deixou as fronteiras da sua pátria e encontrou-se em terras estrangeiras, inicialmente na Alemanha, e depois os bispos bielorrussos sobreviventes dispersaram-se por todo o mundo, permanecendo no seio da Igreja Ortodoxa Russa no Estrangeiro.

Com o restabelecimento do poder soviético na BSSR, começaram as prisões dos clérigos que se descobriu terem ligações com as autoridades de ocupação.

Em setembro de 1944, de acordo com o decreto do Patriarca Alexy (Simansky) de Moscovo e de toda a Rússia, o Arcebispo Vasily (Ratmirov) assumiu a administração das dioceses bielorrussas.

Foto: Arcebispo de Minsk e da Bielorrússia, Vasily (Ratmirov).
Fotografia do arquivo pessoal do autor.

Em junho de 1945, havia três mosteiros na Bielorrússia: em Grodno, o mosteiro feminino da Natividade da Bem-Aventurada Virgem Maria; em Zhirovitsy, o mosteiro masculino da Santa Assunção; em Polotsk, o mosteiro feminino do Salvador Euphrosynievsky [91, l. 75].

Após a libertação da Bielorrússia dos ocupantes, a Comissão estatal da BSSR, especialmente criada para avaliar os danos causados pelo regime fascista alemão, recebeu 62 actos, nos quais se testemunhavam os danos causados às igrejas ortodoxas no montante de 86 091 230 rublos [89, l. 6].

Fotografia. Panorama da cidade de Shklov, região de Mogilev, no dia da libertação, em 28 de junho de 1944. Fotografia proveniente dos fundos do BGAKFFD.

Nas palavras do Arcebispo Athanasius (Martos): "A Igreja não é constituída apenas pelo clero. Por Igreja deve entender-se a união de todas as pessoas, tanto espirituais como seculares, unidas por uma fé viva em Cristo Deus, pelos santos sacramentos, pela hierarquia da Igreja e pelo amor mútuo em Jesus Cristo" [63, p. 126]. Muitos anos de luta dos bolcheviques contra a Igreja não conseguiram destruir o desejo de fé das pessoas. Durante muitos séculos, a Ortodoxia foi o suporte espiritual da sociedade, ajudando-a muitas vezes a sobreviver às dificuldades. A Grande Guerra Patriótica não foi exceção. O facto de a fé estar viva foi demonstrado pela abertura em massa de igrejas. A Igreja, apesar de tudo, sobreviveu, como o demonstra o rápido restabelecimento da vida paroquial na Bielorrússia ocupada. O Arcebispo Athanasius (Martos) atribuiu um papel especial no renascimento da Igreja às mães bielorrussas, que sempre foram portadoras de costumes e tradições cristãs.

As autoridades soviéticas não procuraram de modo algum criar condições favoráveis às actividades da Igreja Ortodoxa. No início de outubro de 1944, realizou-se em Minsk uma reunião republicana sobre agitação e propaganda. Falando perante os militantes do partido, P.K. Ponomarenko afirmou: "Nos territórios libertados, os religiosos expandiram as suas actividades. Os padres estão a tentar restaurar os sinais religiosos nas pessoas. Há tentativas de expandir a sua influência. Camaradas, a prática de todos os tipos de cultos e a nossa tolerância religiosa não podem ser misturadas. Deixemos que eles existam, os papas, mas temos de ter cuidado para que os papas não se tornem uma figura da qual dependam os abastecimentos ou a sementeira da primavera" [71, 1. 239-240]. E toda a política das autoridades soviéticas nos territórios libertados tinha por objetivo reduzir a influência da Ortodoxia sobre a população.

Foto. Bispo de Grodno Varsonofii (Grinevich). Fotografia de 1946
do arquivo pessoal do autor.

O período da Grande Guerra Patriótica foi um teste difícil para o povo bielorrusso. Durante a ocupação nazi houve um renascimento, e na Bielorrússia Oriental - restauração da vida da igreja, foi um período de abertura e reparação de igrejas, de recomeço dos serviços religiosos e de renascimento dos mosteiros. Foi um período difícil em que cada pastor teve de fortalecer o espírito dos seus paroquianos o melhor que pôde, convencendo-os da iminente libertação do país.

Capítulo 2

Actividades patrióticas do clero ortodoxo durante a Grande Guerra Patriótica

Cada um de nós tem um lugar na Terra a que chama a sua pátria. Para alguns de nós é o país inteiro, para outros é uma pequena cidade, uma aldeia, um sítio. Mas, para todos, a noção de Pátria é sagrada. E o desejo de proteger ou libertar a nossa pátria do inimigo é geneticamente inerente a cada um de nós. O século XX trouxe à humanidade duas guerras mundiais que mudaram o curso da história. A Igreja Ortodoxa, em todos os séculos, abençoou a defesa da Pátria. Em 1813, São Filareto de Moscovo dizia ao seu rebanho: "Se evitares a morte pela honra da fé e pela liberdade da Pátria, morrerás como um criminoso ou um escravo; se morreres pela fé e pela Pátria, tomarás sobre ti a vida e a coroa" [120, p. 73]. [120, c. 73].

O Santo Justo João de Kronstadt escreveu sobre o amor à pátria terrena: "Amai a pátria terrena.... Essa pátria é incomparavelmente mais preciosa do que esta, porque é santa e justa, incorruptível. Essa pátria foi conquistada para vós pelo sangue inestimável do Filho de Deus. Mas para serdes membros dessa pátria, respeitai e amai as (suas) leis, como sois obrigados a respeitar e honrar as leis da vossa pátria terrena" [120, p. 73]. [120, c. 73].

Com o início da ocupação do território da Bielorrússia, surgiu o movimento partidário e clandestino. O povo do nosso país ergueu-se para lutar contra os nazis e os seus servos. Os primeiros destacamentos partidários foram formados já no verão de 1941, e 1943 ficou na história como um ponto de viragem no decurso da Grande Guerra Patriótica e da Segunda Guerra Mundial no seu conjunto. Foi a segunda fase da implantação maciça da luta partidária e clandestina e do movimento antifascista no território da Bielorrússia. Isto reflectiu-se na criação, desenvolvimento e fusão de zonas e regiões partidárias. No final de 1943, os guerrilheiros controlavam cerca de 60% do território ocupado da Bielorrússia [105, p. 371]. No final do mesmo ano, o poder dos ocupantes, de acordo com historiadores militares, detinha-se sobretudo nas cidades e ao longo das linhas de caminho de ferro. Na região de Vitebsk, uma das principais zonas partidárias era Ushachsko-Lepelskaya. Ocupava 3.245 quilómetros quadrados, com uma população de 73 mil pessoas. E a zona partidária Borisov-Begoml, na região de Minsk, ocupava uma área de cerca de 6 mil quilómetros quadrados com 1 088 povoações. Cerca de 14 mil partisans operavam neste território [105, p. 374].

O início do movimento partidário na Bielorrússia colocou um problema difícil ao clero ortodoxo: apoiar ou não o movimento partidário e clandestino, e como levar a cabo as suas actividades pastorais em condições de guerra, ocupação e confronto entre as partes.

Os nazis só permitiram a existência e as actividades das paróquias ortodoxas no âmbito de um controlo rigoroso. E de modo algum a posição patriótica da Igreja podia ser manifestada. Houve, sem dúvida, exemplos de clérigos individuais que cooperaram com os alemães durante a ocupação, mas não são esses os exemplos que caracterizam a atitude geral do clero e dos homens da Igreja em relação aos agressores - ocupantes. E agora é obviamente altura de repor a justiça. Já podemos falar e escrever a plenos pulmões sobre a cooperação do clero ortodoxo bielorrusso com os guerrilheiros e os combatentes clandestinos, sobre a sua contribuição para a Grande Vitória comum, que antes não era amplamente conhecida. O povo não aceitou a "nova ordem" e levantou-se para lutar. Muitos representantes do clero ortodoxo não só apoiaram os guerrilheiros e os combatentes clandestinos com orações, como também prestaram assistência efectiva. O clero, na sua maioria, partilhou o destino dos seus paroquianos, cumpriu o seu dever pastoral numa hora difícil, não pensou em si próprio mas nos outros, não pensou no presente mas no futuro, tornou-se um verdadeiro patriota da Bielorrússia. A tristeza pelas repressões sofridas pelas autoridades soviéticas em relação ao clero não ofuscou a consciência da desgraça geral que se abateu sobre a terra bielorrussa com o início da ocupação nazi.

Inegável, em nossa opinião, é o facto de uma parte significativa do clero ortodoxo não ter aceite o poder de ocupação e ter sido leal ao movimento partidário e clandestino, seguindo as orientações do Patriarcado de Moscovo.

"Que os vossos partidários locais sejam para vós *(pessoas crentes - S.S.)* não só um exemplo e uma aprovação, mas também um objeto de cuidados constantes. Lembrai-vos de que cada favor prestado a um partidário é um mérito perante a Pátria e um passo a mais para a vossa própria libertação do cativeiro fascista", escreveu o futuro Patriarca, Metropolita Sérgio (Stragorodsky), em janeiro de 1942. Por isso, ousem, mantenham-se corajosos e firmes, contendo fé e fidelidade, e vejam a salvação do Senhor! O Senhor lutará e lutará por nós" [102, p. 12]. [102, c. 12].

Na sua mensagem de Natal de 13 de dezembro de 1942, o Patriarca Sergius salientou, dirigindo-se aos arquipastores e à população dos territórios ocupados: "Um participante na guerra de guerrilha não é apenas aquele que ataca as unidades inimigas com armas nas mãos. Um participante é também aquele que abastece os guerrilheiros com pão e tudo o que precisam na sua vida cheia de perigos; que esconde os guerrilheiros dos traidores e espiões alemães; que vai atrás dos feridos e assim por diante. Não deixem que o inimigo se sinta senhor da vossa área, vivendo nela nutrido e seguro. Que a retaguarda não seja para ele melhor do que a frente, onde o nosso Exército Vermelho o esmaga" [102, p. 39-40].

Vera Petrovna Makhnach, atualmente residente em Minsk, concluiu o curso numa escola especial em 1942 e, como parte de um grupo de sabotagem, foi lançada no distrito de Zhlobin, na região de Gomel. Entre um grande número de publicações impressas que o grupo levou consigo, encontravam-se as mensagens do Metropolita Sérgio. Eram escritas à mão e distribuídas pelas aldeias. Estas pequenas folhas eram para muitos habitantes da Bielorrússia ocupada um grande apoio moral, um indicador de que se lembravam deles e rezavam pela sua libertação. A mulher clandestina lembra-se que o padre da aldeia de Perevichi recolhia alimentos para o orfanato. Talvez os antigos habitantes desta aldeia ajudem a recordar e a devolver outro nome de um padre patriota.

Dadas as mudanças na política do Estado soviético em relação à Igreja Ortodoxa, alguns comandantes de unidades partidárias em zonas partidárias encorajaram a abertura de igrejas, convidaram padres e permitiram a construção de cruzes à beira da estrada. Fizeram-no, na maior parte dos casos, com objectivos de propaganda, para mostrar a lealdade à Igreja por parte das autoridades soviéticas e, assim, também para fazer com que a população local compreendesse que a adesão às unidades partidárias não levaria à sua excomunhão da Igreja. Mas há também factos de conversão bastante consciente a Deus e de reconhecimento aberto da Sua Santa Igreja. Assim, de acordo com um relatório da polícia alemã, uma unidade partidária chegou a uma das igrejas recém-abertas na zona partidária, e o seu comandante dirigiu-se à congregação reunida na igreja com as seguintes palavras: "Em nome do Pai, do Filho e do Espírito Santo! Irmãos e irmãs! Deus é e será! Ficámos temporariamente estupefactos porque negligenciámos Deus. É preciso rezar a Deus. Rezem por nós e por todos os combatentes e partidários. Amém!" [108, c. 96].

O clero comum não se opôs abertamente ao movimento partidário e clandestino na Bielorrússia. Alguns clérigos sabiam da existência de unidades partidárias, mas não revelavam a sua localização nem os nomes das pessoas ligadas aos partidários, embora nem sempre os ajudassem. Os párocos tinham uma ligação muito estreita com os seus paroquianos através do sacramento da confissão. Enquanto nas cidades o clero, mesmo que fosse sincero, não podia ajudar ativamente os partisans, nas paróquias rurais, especialmente nas mais remotas, a assistência sacerdotal às unidades partidárias era um fenómeno comum.

Os párocos eram frequentemente visitados por partisans e polícias. O mais pequeno erro no comportamento de um padre podia levar à sua morte, tanto às mãos dos punidores como dos partisans. Os padres que ajudavam os guerrilheiros e os combatentes clandestinos estavam bem conscientes de que estavam a pôr em perigo não só a sua própria vida, mas também a vida dos seus entes queridos. No seu ministério pastoral, os sacerdotes deixavam-se guiar pelas palavras da Sagrada Escritura: "Quem nos fizer guerra no dia de sábado, lutemos contra ele, para que não morramos todos como morreram os nossos irmãos nos refúgios secretos" (1 Mac 2 41). "Porque é melhor para nós morrer em combate do que ver as calamidades do nosso povo e do nosso santuário" (1 Mac 3 59) - estas palavras tornaram-se para muitos pastores que permaneceram no território ocupado da Bielorrússia uma espécie de lema do seu ministério.

As formas de assistência eram muito variadas: os padres forneciam aos partisans alimentos, medicamentos, abrigavam-se para descansar, tratavam os feridos, obtinham documentos, redigiam certificados fictícios, acolhiam jovens, participavam em operações de reconhecimento e até combatiam de armas na mão. Os padres ortodoxos não se juntaram em massa às unidades partidárias, mas houve casos isolados.

O padre Anatol Gandarovich, da aldeia de Rabun, distrito de Vileysk, região de Minsk, hospedou partidários em mais do que uma ocasião; não recebeu tarefas deles, mas deu-lhes comida e um lugar para descansar. Os guerrilheiros guardavam tol, cápsulas e cordas de bikford na casa do padre. O padre também ajudava com medicamentos [3]. Anatoliy Anatolievich Gandarovich nasceu em 1910 na localidade de Ilya, distrito de Vileysk, na região de Minsk, no seio de uma família de escriturários. No início da sua atividade profissional, foi-lhe proposto trabalhar na administração distrital como guarda-livros. Mas o jovem soube que o Bispo Filoteu (Narko) tinha vindo para Minsk. Anatoly foi ter com ele em fevereiro de 1942 para pedir autorização para passar nos exames para padre e ser ordenado. Os pais do futuro Arcebispo Philotheos viviam na aldeia de Ilya, o seu pai Evdokim era salmista e depois diácono da igreja de Ilya. Antes de Vladimir (no monaquismo chamado Filoteu) deixar a casa dos pais para estudar no seminário teológico, Anatoly conhecia-o bem. Numa audiência em Minsk, o pedido foi aceite. Após a sua ordenação, Anatólio foi enviado para um lugar chamado Kraysk, no distrito de Logoisk, na região de Minsk. No segundo dia após a sua chegada, o padre recebeu ordens para se apresentar ao chefe da gendarmaria, que obrigou o Padre Anatoly a apresentar-se diariamente durante um mês e depois duas vezes por mês. O padre escondia Piotr Pavlovich Maltsev, fugido do campo de prisioneiros de guerra de Molodechno, que viveu em sua casa de outubro de 1942 a agosto de 1943, e depois foi para o destacamento partidário "Boets" da Brigada Frunze. O Padre Anatólio conhecia todos os partisans da sua aldeia, em que casa ficavam, mas não os denunciava. Foi preso em fevereiro de 1946, em Vileika, e em outubro do mesmo ano o Tribunal do Ministério do Interior condenou o padre, ao abrigo do artigo 63-1 do Código Penal da BSSR, a 10 anos de campos de trabalho com perda de direitos durante 5 anos. Foi reabilitado em junho de 1964.

O padre da aldeia de Massoliany, distrito de Berestovitsky, região de Grodno, Anatoliy Miseyuk transferiu repetidamente alimentos para o destacamento partidário "Zvezda", primeiro através do oficial de ligação do destacamento Ivan Kolosnikov, e depois, após a sua detenção, através do comandante da companhia do mesmo destacamento partidário Nikolai Shishkin transferiu ovos, banha, pão, aguardente para os partidários [4]. O Padre Anatoly nasceu em 1917 na aldeia de Staraya Rudnya, distrito de Gorodnyansky, província de Chernigov. O seu pai, Ivan Stefanovich, foi primeiro salmista, depois foi ordenado e serviu na igreja de Starorudnyanskaya. Para além de Anatoly, a família tinha mais três filhos: Evgeny, o mais velho, Ivan e o mais novo Vitaly. Em 1923, a família partiu para a sua terra natal, a aldeia de Mezhevichi (então território da Polónia). Em 1925, o pai tornou-se padre na aldeia de Derechin. Em 1929, o jovem Anatólio entrou no ginásio de Bielsk e, quatro anos mais tarde, transferiu-se para o ginásio de Drohiczyn nad Bug. Em 1939, recebeu o seu certificado de matrícula. Depois de se formar no ginásio, ensinou a Lei de Deus nas escolas. Em maio de 1939, casou com Savich Zinaida Viktorovna. Em 1940, tiveram um filho, Avenir, e em 1944, Svyatoslav. Em setembro de 1939, Anatoly decidiu ir para Vilna para entrar na faculdade de medicina da Universidade de Vilna, mas estudou apenas um mês. Após os acontecimentos de setembro de 1939, a região de Vilna e Vilna passaram para a Lituânia e Anatoly regressou para junto da sua família, que vivia na Bielorrússia Ocidental. Após o seu regresso, foi nomeado pelo Departamento de Educação do Distrito de Sokolkovo como professor da escola primária na aldeia de Yurovlyany e foi imediatamente enviado para um curso de um mês, após o qual foi nomeado diretor da escola primária na aldeia de Garkavichi, Distrito de Sokolkovo, onde trabalhou até ao início da Grande Guerra Patriótica. No verão de 1941, Anatoly mudou-se com a mulher e o filho de um ano para a casa do pai, na aldeia de Derechinok, onde o pai tinha uma paróquia. Anatoly começou a ajudar o pai na igreja e, em janeiro de 1942, recebeu o grau de diácono. Em julho-setembro de 1942, o diácono Anatoly passou nos exames para o grau de sacerdote no Consistório de Bialystok-Grodna, em Grodno, e a 21 de setembro do mesmo ano foi ordenado sacerdote pelo Arcebispo Venedikt (Bobkovsky). O Padre Anatoly continuou a trabalhar como salmista sob a orientação do seu pai até janeiro de 1943. Foi nessa altura que recebeu uma missão na igreja de Massolian. O Padre Anatoly foi enviado pelos partisans por recomendação da população local, que tinha confiança no seu pastor. O padre nunca recusou os vingadores do povo. Os guerrilheiros do destacamento, juntamente com Nikolai Shishkin, vinham ter com o padre antes e depois da missão para descansar. Na casa do padre eram alimentados [4]. O chefe do destacamento partidário "Zvezda", o padre Anatoly Miseyuk, recebeu um certificado que atesta que ajudou os guerrilheiros do destacamento com alimentos e que, da sua parte, não foram detectados "actos traiçoeiros e cooperação com os ocupantes" [4]. É de notar que o comando partidário estava extremamente relutante em emitir tais certificados. Este facto deveu-se, na opinião do autor, à aplicação prática da política de ateísmo militante.

O período de ocupação foi um período muito difícil e contraditório. Todos os dias, quem se encontrava em território inimigo corria risco de vida. As autoridades de ocupação obrigavam todos os clérigos, católicos e ortodoxos, a ler as ordens das autoridades militares e civis de ocupação nas igrejas. O Padre Anatólio foi obrigado a fazê-lo também. Mas apesar de ter lido na igreja, em abril de 1943, a ordem para mobilizar os jovens para trabalhar na Alemanha, o padre escondeu jovens paroquianos, arriscando não só a sua vida, mas também a vida da sua família. A Grande Guerra Patriótica terminou, mas as provações do Padre Anatoly ainda não tinham terminado. Foi detido pelo NKVD em 30 de novembro de 1945 e encarcerado na Prisão n.º 1 de Grodno. O padre foi acusado de ligações com as autoridades e os punidores alemães, de cumplicidade anti-soviética e de proferir "sermões de carácter antissoviético" [4]. Foi julgado por um tribunal militar. Nem o testemunho de partidários e certificados de comando partidário, nem o testemunho de paroquianos, a quem o padre tinha salvo a vida, aliviaram o destino do padre. O Padre Anatoly, apesar dos longos interrogatórios, que duraram das dez da manhã à uma da madrugada, não se declarou culpado. O caso foi enviado várias vezes para investigação. A 4 de dezembro de 1946, o Conselho Judicial para os Processos Criminais da Região de Grodno condenou-o, ao abrigo do artigo 72b do Código Penal da BSSR e do artigo 64 do Código Penal da BSSR, a sete anos de trabalho corretivo com perda de três anos de direitos. No mesmo dia, o Padre Anatólio apresentou uma queixa ao Supremo Tribunal da BSSR, mas a 3 de janeiro de 1947 a Comissão Judicial de Processos Criminais do Supremo Tribunal da BSSR manteve a sentença inalterada. O Padre Anatólio não regressou à sua terra natal após a sua estadia nos campos de concentração. O último local de residência que o autor conhece é a cidade de Riga. O Padre Anatoly foi reabilitado em 31 de julho de 1992. Será que o jovem, o jovem pastor, que tinha 25 anos na altura da sua ordenação, sabia o que o esperava? Claro que não.

Mas, sem dúvida, apercebeu-se de que não podia ficar alheio aos acontecimentos que se desenrolavam à sua volta. E o facto de terem sido os paroquianos a recomendar aos guerrilheiros que não tivessem medo de visitar o padre mostra que confiavam nele.

Os irmãos Yassievich Afanasy, um salmista, e George, um padre da aldeia de Sidelniki, distrito de Svisloch, região de Grodno, também acolheram partisans. A partir de 1942, os partisans que se chamavam "moscovitas" vinham sistematicamente a intervalos de uma ou duas semanas. Em 1943, na véspera da Páscoa, cerca de dez partisans visitaram a casa dos Yassievichs. Depois do jantar, um deles entregou ao padre uma proclamação dactilografada pelo arcebispo Nicolau (Yarushevich). "O inimigo está a profanar os nossos santuários, os templos de Deus. Em muitas cidades e aldeias foram transformados pelos fascistas: em estábulos, em latrinas, em cozinhas, em câmaras de tortura onde torturam os presos.... A Santa Igreja alegra-se com o facto de os Heróis do povo - os Gloriosos Partidários - se estarem a levantar por uma causa santa. Caros irmãos e irmãs! A todos vós, a Santa Igreja apela fervorosamente: ajudai, com o que puderdes, estes heróis a cumprirem o seu ato santo", - leu o padre [42]. Ao mesmo tempo, Athanasius deu aos guerrilheiros 100 marcos alemães e um par de cuecas [4]. O destino deste homem é dramático. Nasceu em Volhynia, em 1890, na família de um salmista. De 1908 a 1912, estudou no seminário de Zhitomir, após o que trabalhou como professor público na cidade de Mtsensk durante um ano. O seu irmão George serviu em Mtsensk como sacerdote. Até 1922, Athanasius viveu com o seu irmão e foi salmista na igreja. Em 1934, o seu irmão foi transferido como sacerdote para a igreja da aldeia de Sidelniki, no distrito de Svisloch, e Afanasy seguiu-o. Durante toda a ocupação, os irmãos viveram juntos na aldeia de Sidelniki: Jorge era sacerdote e Afanásio era salmista. Em 1945, Afanásio foi ordenado e enviado como sacerdote para a aldeia de Novy Dvor, distrito de Porozovsky, região de Grodno, e em 1946 regressou a Porozovo. Durante a ocupação, os irmãos tentaram salvar os seus paroquianos por todos os meios. Em sua casa encontrou abrigo Popova Ekaterina Alekseevna, esposa de um oficial soviético, que não teve tempo de partir para a retaguarda. Em junho de 1942, Afanasy convidou-a a viver em sua casa. Aí permaneceu durante toda a ocupação. Em 1944, na cidade de Ufa, Ekaterina Alekseevna encontrou o marido no hospital - Suzdaltsev Fedor Vasilievich - e em janeiro de 1945 partiu com ele para a cidade de Chkalov. Vivendo na casa do padre, Popova foi testemunha de tudo o que estava a acontecer. Não só os partisans, mas também os punidores e os agentes da polícia iam lá a casa. Esta era a especificidade do período de ocupação. No entanto, Afanasy Yassievich foi preso em 1951, acusado de ligações estreitas com a gendarmeria e de propaganda anti-soviética. Tal como muitos clérigos presos depois da guerra, não foi ajudado pelo testemunho de Popova, que negou os factos das suas actividades anti-soviéticas, mas afirmou que o padre Afanasy sabia que ela era mulher de um oficial soviético e que os partisans iam frequentemente a sua casa. Em dezembro de 1951, Afanasy Yassievich foi condenado a 25 anos de prisão num campo especial do Ministério do Interior e à confiscação dos seus bens. Cumpriu a pena em Angarlag, na região de Irkutsk. Foi libertado em junho de 1956 e, em setembro de 1992, foi reabilitado por falta de corpo de delito.

Nikolai Alexandrovich Khiltov, um padre da aldeia de Blyachino, distrito de Kletsky, região de Minsk, ajudava constantemente o grupo de reconhecimento sob o comando de Mikhail Shershnev da Brigada Vasily Ivanovich Chapaev, que actuava na mesma região.

Foto. O padre Nikolai Khiltov com a sua família. Anos 30 do século XX.

No outono de 1942, depois de ter cumprido uma missão, um grupo subversivo de cinco partisans ficou em casa do Padre Nikolai. Nessa altura, os alemães chegaram à aldeia. O padre teve de trancar os partisans num dos quartos da casa e no outro receber os punidores, que, após uma curta estadia, se foram embora. O padre deu a Mikhail Shershnev roupas "ocidentais", arranjou-lhe um passe e um passaporte, salvou mais do que uma vez o comandante do grupo subversivo, fazendo-o passar por seu sobrinho. O Padre Nicolau indicou várias vezes o local das emboscadas da polícia. Em novembro de 1942, durante um tiroteio com os punidores, o batedor partidário Nikolai Anokhin morreu. O seu corpo foi levado para a casa do padre, o Padre Nicolau efectuou-lhe os ritos fúnebres, após o que o guerrilheiro foi enterrado no celeiro do padre. Algum tempo depois, os guerrilheiros enterraram novamente o batedor no centro da aldeia de Blyachino [109].

A 4 de janeiro de 1944, o Padre Nicolau Khiltov escreveu uma carta ao comandante do destacamento partidário Eremenko da mesma brigada, felicitando-o pelo dia de Natal e pedindo-lhe que lhe enviasse Misha Shershnev, que estava a passar pela morte do seu comandante N.A. Anokhin, para uma "casa de repouso para doentes físicos e mentais". Esta "casa de repouso" foi criada pelo Padre Nicolau na casa da igreja, onde os partisans melhoraram a sua saúde [42].

As memórias da filha do padre, Nadezhda Nikolaevna Khiltova, antiga professora de matemática na escola secundária de Sadovskaya, no distrito de Kletsky, região de Minsk, foram preservadas. Lê-las é como ouvir uma voz do passado:

"O meu pai, Nikolai Alexandrovich Khiltov, e a minha mãe, Natalia Ivanovna Khiltov, nascida Novitskaya, bem como o meu tio Georgi e a minha tia Lida, nascida Lidia Alexandrovna Volosovich, foram presos pelos nazis em 1944 e torturados no campo de concentração "Koldychevo" devido à sua ligação aos partisans. A nossa casa era um ponto de encontro para os partisans. Para eles, era conveniente que o meu pai fosse o padre da igreja de Blyachinskaya. Por esse facto, a nossa família parecia despertar menos suspeitas entre os inimigos. No entanto, as visitas frequentes, sobretudo nocturnas, dos partisans colocavam a nossa família em grande perigo. Todos os membros da família sabiam e compreendiam tudo isto, mas mesmo assim nenhum dos familiares se pronunciou a favor do fim destas ligações. O ódio aos inimigos da Pátria era muito maior do que o medo deles.

Em 1942, eu tinha 14 anos e a minha irmã Kira tinha 11. Lembro-me que, nesses tempos de guerra, se falava constantemente dos partisans em nossa casa. Chamavam-lhes "Yeremintsy", "Parfomintsy", "Zhukovtsy", "Dunaevtsy", "Shestopalovtsy".

Havia noites em que, assim que os guerrilheiros partiam, os polícias locais batiam à porta. Uma noite foi particularmente memorável pela sua ansiedade. Primeiro, ou seja, à noite, havia "Zhukovtsy", assim que eles saíram, a polícia veio à casa, e depois deles veio Grisha Kuznetsov (um metralhador).

Muitos dos partisans precisavam de ajuda médica. A mãe fazia ligaduras, se necessário. Eu ajudava. O pai estava muitas vezes doente e a mãe teve de aprender algumas das técnicas de tratamento. Lembro-me de um incidente em que tínhamos partisans e um deles tinha uma mão ferida. A bala estava alojada na palma da mão. Era necessário não apenas um penso, mas uma operação. A mãe, inexperiente, tinha medo de ser ela a retirar a bala. Por isso, limitou-se a fazer-lhe uma ligadura na mão, e o resto foi feito na unidade partidária.

Lembro-me de como Alekhin, Gordievich e Tikhanovich, que tinham fugido de Kletsk, estavam escondidos connosco. Eles eram professores na escola técnica secundária, que foi aberta sob o comando dos alemães em Kletsk. Fugiram num carro roubado do corpo de bombeiros alemão em Kletsk. Foi organizada uma perseguição. O carro foi destruído e as pessoas tiveram de fugir, pelo que se esconderam na nossa casa. Mais tarde, foram transferidos para os partisans, mas não me lembro exatamente de que unidade. Tanto quanto sei, em 1942, na floresta de Podishche, perto da aldeia de Hadatovichi, foi criado o destacamento partidário n.º 101, sob o comando de Grigory Tarasovich Drozdov, que era militar antes da guerra. Depois da guerra, conheci partidários deste destacamento, Nikolai Ilyukhin, que vivia na aldeia de Uzda, e Kirill Bakhrushin. Em julho, o destacamento partidário juntou-se à Brigada Voroshilov e participou na Batalha de Raevskoe.

Havia um grupo de sabotagem a operar no troço Pogoreretsy-Gorodea da linha férrea. Partidários e comandantes deste grupo - G.T. Drozdov, Nikolai Alekseevich Anokhin, Mikhail Shershnev, Grigory Trus - visitavam frequentemente a nossa casa. Durante uma das operações, Mikhail Shershnev foi ferido por uma lasca de granada lançada por um bandido, Yurka (não me lembro do apelido). Grisha Trus foi morto. Era oriundo do distrito de Uzda ou Uzden. Parece que era um parente ou irmão do poeta bielorrusso Pavlyuk Trus. Nikolai Alekseevich Anokhin também foi morto quando cumpria uma missão de combate na aldeia de Narutsevichi. Mais tarde trocámos correspondência com a sua irmã e ela enviou-me a sua fotografia.

Mikhail Shershnev continuou a ser o comandante do grupo de sabotagem até à libertação da Bielorrússia. Depois foi para a frente de batalha, ficou gravemente ferido e foi tratado no hospital durante dez meses. Depois da guerra, casou-se e teve duas filhas. Não me lembro há quantos anos Shershnev morreu de ataque cardíaco. Eu correspondia-me com a irmã dele. Vivia no seguinte endereço: cidade de Nalchik, rua Gastello, 17. O antigo guerrilheiro Semyon Mikhailovich Bestuzhev (da brigada Shestopalov) vive em Kherson. Radchenko Ivan Ivanovich - também antigo guerrilheiro, vive em Minsk, trabalha no aeródromo da aviação civil.

Um antigo comissário partidário, Pavel Fomich Volozhin, manteve-se em contacto com a nossa família. Na década de 1960, foi diretor da quinta estatal "Krasnaya Zvezda", no nosso distrito, durante vários anos, e depois foi transferido para trabalhar em Minsk, onde ocupou o cargo de Vice-Ministro da Agricultura. Ainda temos uma carta que Pavel Fomich escreveu à minha avó Nadezhda Platonovna Novitskaya em 1947. Ele escreveu-nos que, por muito difícil que fosse, eu e a minha irmã tínhamos de estudar. Mais tarde, quando estudei na universidade em Minsk, encontrámo-lo. Kira também se licenciou na universidade. A avó substituiu essencialmente o nosso pai e a nossa mãe.

O meu pai e o meu tio Georges foram presos na noite de 6 de abril de 1944. A data é muito memorável, a minha irmã teve uma filha que nasceu nesse dia, muitos anos mais tarde. A mãe, a avó e nós, crianças, ficámos para trás, não fomos presos por mero acaso. O avô Khiltov também não foi levado (tinha cancro na garganta e morreu a 22 de abril de 1944). Havia três filhos na família do meu avô. O mais velho era o meu pai - Khiltov Nikolai Alexandrovich, nascido em 1903, a minha mãe Natalya Ivanovna, nascida em 1907. O tio George, nascido em 1905, e o tio Sima (Serafim), nascido em 1906. O avô Khiltov era viúvo. A avó morreu numa idade jovem, de disenteria. O avô Alexandre vivia com o seu filho do meio, Georgi. A mulher de George, Lidia Aleksandrovna (antes do casamento - Volosovich), era irmã de Dmitry Aleksandrovich Volosovich - antigo diretor da escola Krasnozvezdinskaya. Volosovich D.A. e a sua mulher Tatyana Petrovna eram partidários durante a guerra. O pai da tia Lida era padre da igreja de Iodchitsa e foi fuzilado pelos nazis.

Depois de o pai e o tio George terem sido presos, a mãe e a tia Lida não conseguiram aceitar o facto. Continuaram a acreditar no seu regresso. Logo a minha mãe e eu fomos para Baranovichi para ajudar o meu pai e o meu tio de alguma forma. Lá encontrámos a tia Lida. A minha mãe e a tia Lida deixaram-me com alguns conhecidos e foram ter com o chefe da SD em Baranovichi, Ostrovsky, na esperança de obterem a sua ajuda, uma vez que ele tinha sido professor do meu pai em Vilna. Mas não regressaram de lá.

Assim, Kira e eu ficámos órfãos (tinha 16 anos na altura) e passámos a viver com a minha avó Nadezhda Platonovna Novitskaya. O nosso avô Ivan Fedorovich morreu em 1929. Era padre da igreja de Blyachinskaya. Antes dele, o seu avô ou bisavô, de apelido Voloskovich, serviu na igreja. Sob a direção do avô de Novitsky, foi construída a escola de Blyachinskaya em 1901. Por esta construção, o avô recebeu um diploma. Sabe-se que a igreja de Blyachin foi construída em 1626. Em 1926 foi celebrado o seu 300.º aniversário. A igreja foi construída pelo proprietário de terras Mogilnitsky.

Casei-me em 1960. O meu marido - Andrey Nikolayevich Lipinsky - é sobrinho de Kotovsky, a mãe dele - Tatiana Andreyevna Kotovskaya. O meu tio - Efim Fedorovich Karsky - é linguista, académico...".

Em 1972, M.T. Tychyna escreveu um ensaio sobre o seu pai Nikolai Khiltov "Partyzansk batsyushka" na revista "Lggaratura 1 mastatstva", que se baseia nas memórias de Semyon Mihajlovich Pestunov, antigo comandante dos serviços secretos de um destacamento partidário da brigada Chapaev, que actuou durante a guerra em Kopylshchyna. O guerrilheiro recordou que, depois de uma manobra de diversão bem sucedida na linha férrea, "o nosso grupo - cinco pessoas cansadas da travessia nocturna - regressou à base do destacamento, que estava estacionado no sector "Polyadi", perto da aldeia de Malaya Raevka. Estava a despontar uma madrugada de outono sem aviso prévio. Não tínhamos a certeza de que, após a operação, os fascistas não organizassem uma perseguição. "Vamos para Blyachino, para o padre Nicolau - sugeriu o nosso comandante Misha Shershnev. Discutiremos, tomaremos o pequeno-almoço, descansaremos e, à noite, faremos a viagem". Olhámos para o comandante com ar incrédulo. Misha Shershnev dirigiu com confiança o seu cavalo para a eira, abriu o portão e mandou conduzir os cavalos até lá, e ele próprio, ordenando-nos que esperássemos, entrou em casa. Em breve regressou com um velho, que nos convidou a entrar em casa com um tom de carvalho, recordando o nome de Deus, a destruição do inimigo e o facto de o Todo-Poderoso nunca esquecer as boas acções. E tudo isto de repente, convidando-nos hospitaleiramente a passar e a sentirmo-nos em casa.

Assim que atravessámos a soleira da porta e olhámos em volta, o nosso guia gritou: "Mãe, recebe os convidados", e abre a porta de um quarto onde vemos uma mulher de quarenta anos e uma rapariga.

Depois de termos comido um pouco, olhámos para o Padre Nicolau. Sem roupa ritual, de calças enfiadas em botas de couro de vaca, com um lenço cintado com um cordão, fez-nos lembrar o escrivão Gavrila do filme Bogdan Khmelnitsky.

Foi assim que ficou na memória dos partisans que salvou. Toda a vida da família, trágica e heróica ao mesmo tempo, estava contida em poucas páginas. Só é pena que a memória da façanha do padre ortodoxo tenha ficado, durante muito tempo, apenas na memória das filhas e nos fundos do museu local. Infelizmente, não existe em Kletsk nenhuma placa comemorativa em honra de um simples pároco, o padre Nicolau Khiltov, que escolheu o seu caminho e o percorreu até ao fim, não poupando a sua vida por isso. E talvez as placas comemorativas, que aparecerão com a ajuda de Deus em todas as paróquias da Bielorrússia, onde havia padres - patriotas, sejam o pouco que podemos fazer agora em memória e gratidão pelo seu feito.

O Padre John Kurian, que servia numa paróquia da região de Minsk, também colaborou com os partisans. Um oficial do exército alemão, que servia como capelão, ia frequentemente a sua casa e avisava o Padre John sobre as acções punitivas que se avizinhavam contra os partisans, e este, por sua vez, passava a informação ao oficial de ligação da unidade partisan Alexander Danilovich Volohonovich [31].

Viktor Bekarevich, um padre da aldeia de Latygol, era um elemento de ligação do destacamento partidário com o nome de Grigory Kotovsky do distrito de Vileysk, na região de Minsk, e juntou-se mais tarde ao destacamento partidário com o nome de Mikhail Frunze, que operava na mesma região.

Foto. Arcipreste Viktor Bekarevich. Anos 80 do século XX.

Fotografia do arquivo pessoal do autor.

Em fevereiro de 1944, o Padre Viktor Bekarevich entregou 5.100 rublos ao RC clandestino de Molodechno do Partido Comunista da BSSR e ao RC clandestino da Liga dos Jovens Comunistas [45]. Em 24 de novembro de 1944, o quartel-general do movimento partidário da BSSR emitiu um certificado oficial ao Padre Viktor, atestando que ele era um elemento de ligação do destacamento partidário com o nome de Grigory Kotovsky, de 1 de maio de 1944 a 28 de junho de 1944 [45].

O arcipreste Vasiliy Kopychko, reitor do distrito de Gomel, era um partidário da brigada partidária de Vyacheslav Molotov, que actuava na região de Pinsk.

Foto. Arcipreste Vasily Kopychko. Anos 80 do século XX.

Fotografia do arquivo pessoal do autor.

O padre recolhia informações sobre o inimigo, organizava entre os paroquianos a recolha de roupa, calçado e alimentos para os partisans. Divulgava os relatórios do Sovinformburo. O Padre Vasily não só avisava a população sobre a próxima ação punitiva contra os partisans, como também ia com as pessoas ao destacamento partidário [46].

O arcipreste Mikhail Skripko - reitor da igreja de Negnevichi, no distrito de Lida, na região de Grodno, era um elemento de ligação do destacamento partidário com o nome de Vyacheslav Molotov [46].

O arcipreste Alexander Romanushko, reitor da igreja de Malo-Plotnitsa, no distrito de Pinsk, na região de Pinsk, participou várias vezes em operações de combate. Participou em missões de reconhecimento e foi, em todos os sentidos, um batiushka partidário. No verão de 1943, os familiares do polícia morto pelos partisans procuravam um padre para o funeral do defunto. Um padre recusou e o Padre Alexandre aceitou. Foi colocada uma guarda armada no cemitério. Todos se preparam para ouvir a cerimónia fúnebre. Voltando-se para os olhos dos presentes, o Padre Alexandre, dirigindo-se à mãe e ao pai do defunto, diz "Não são as nossas orações e o "com os santos descansa em paz" que aquele que foi ao túmulo merecia com a sua vida. Ele é um traidor da Pátria e um assassino de crianças e anciãos inocentes..... Em vez de "Memória Eterna", digamos "Anátema". [100, c. 14]. Estabeleceu-se um silêncio mortal entre a assistência estupefacta. Tudo o que o padre dizia parecia muito ousado e podia implicar a sua morte. Mas o Padre Alexandre, aproximando-se dos polícias, continua: "A vós, perdidos, o meu último pedido: expiai perante Deus e o povo as vossas culpas e voltai as vossas armas contra aqueles que destroem o nosso povo, que enterram vivos em sepulturas, que queimam vivos nos templos de Deus os crentes e os sacerdotes"[100, p. 14]. Os polícias chocados não tocaram no pastor da igreja. As palavras do padre chocaram também os paroquianos. Diziam que, se até os padres pegavam em armas, então o próprio Deus lhes ordenava que fossem para os guerrilheiros. E, de facto, o grupo de guerrilha depressa se enriqueceu com novos membros.

O Arcipreste Alexander Romanushko participou no movimento partidário desde o verão de 1942 até ao verão de 1944. Da sua carta, escrita no outono de 1944 ao Metropolita Alexis, deduz-se que o número de padres na diocese da Polesie diminuiu 55% devido à execução de muitos deles pelos fascistas, precisamente por terem ajudado os partisans [27, p. 43].

Mais de uma vez, os padres tiveram de redigir certificados declarando que as pessoas suspeitas de terem ligações com os partisans eram "profundamente religiosas e não tinham nada a ver com o movimento partisan". Ao emitir tais certificados a membros de conselhos de aldeia, funcionários de instituições soviéticas, incluindo agentes da polícia soviética, os padres Mikhail Gaponik, da aldeia de Devyatkovtsy, distrito de Volkovysk, região de Grodno, o padre da aldeia de Novy Dvor, distrito de Shchuchinsk, região de Grodno, Efstafiy Balabushevich, padre da igreja de Vladimir em Grodno, Julian Miller salvou a vida não só de partisans e combatentes clandestinos, mas também dos seus familiares [4]. O padre Mikhail Haponik foi punido pelas autoridades punitivas alemãs por certificados fictícios com uma coima de 1.000 marcos alemães [4].

É de salientar que a redação de certificados era a forma mais comum de assistência à população por parte dos padres ortodoxos. O padre da aldeia de Zabrezie, distrito de Volozhin, região de Minsk, Evstafiy Baslyk, encontrou no arquivo da igreja um antigo selo de cobre (para verniz) com a imagem de uma igreja com cruzes e uma inscrição eslava num círculo: "Igreja da Santa Anunciação de Zabrezskaya". Utilizando este selo, o padre emitiu certificados declarando que "o portador deste selo é um cidadão de ..., residente na aldeia de ..., que é certificada". O Padre Eustáquio carimbava e assinava em seguida. O padre emitiu mais de uma dúzia de certificados deste tipo, incluindo o presidente do Conselho da aldeia de

Zabrezsk, Ivan Vasilievich Kovalevsky, os activistas Ivan Staselovich e Anton Bogutsky [30].

Mais de duas dúzias de certificados deste tipo foram emitidos pelo padre da paróquia de Gruzdowo-Khozhowo-Polochanski, no distrito de Maladechna, na região de Minsk, Mikalai Gurinovich [3]. Ele explicou as suas acções de forma simples: "Eu não era todo-poderoso e omnipotente. Era apenas um solitário, o único no meu desejo sincero de ajudar pessoas condenadas - o único que não tinha medo de levantar a voz em defesa de pessoas inocentes. O que me pareceu adequado e necessário, na altura, fiz como o meu coração me disse para fazer." [3]. Ao ler estas linhas, imagina-se um homem experiente com cabelos brancos. Mas o Padre Nicolau, em 1941, tinha apenas 33 anos. A idade de Cristo. Nikolai Matveyevich Gurinovich nasceu na aldeia de Ilia, Vileysky uyezd, no seio de uma família de paramédicos. Em 1918-1920 estudou no ginásio de Holopensk, no distrito de Borisov, província de Minsk, depois os seus pais transferiram-no primeiro para o ginásio russo de Vileika e, em 1923, tornou-se seminarista do Seminário Teológico de Vilna, onde se formou em 1930. Depois de se formar no seminário, o jovem decidiu continuar a sua educação e tornou-se estudante na faculdade teológica ortodoxa da Universidade de Varsóvia, onde se formou em 1934 com o título de Mestre em Teologia. Inicialmente, o Padre Nicolau serviu na voivodia de Lublin e, em 1934, foi transferido para a diocese de Polesie, onde serviu em várias paróquias. Em maio de 1940, tornou-se reitor da igreja de Gruzdowo-Hozhowo-Poloczanska. Pouco mais de um ano tinha passado desde o início do seu ministério na paróquia quando a guerra rebentou. Sendo um homem muito jovem, o Padre Nicolau esforçou-se por facilitar ao máximo a vida dos seus paroquianos. Escrevia não só certificados, mas também escondia refugiados em sua casa. O padre não teve medo de se queixar ao chefe da polícia distrital de Molodechno, Leonid Kosyak, sobre o mau comportamento de três polícias no templo. Os partidários visitavam o padre com bastante frequência, facto que chegou ao conhecimento das autoridades de ocupação. Como conta o Padre Nikolai: "...os partidários disseram-me que, uma vez que os alemães sabiam que o visitávamos, seria melhor que o denunciasse para evitar consequências graves. Foi o que fiz". Não muito longe da aldeia de Polochanyi havia um campo de prisioneiros de guerra. Em 1943, o Padre Nicolau recolheu alimentos para os prisioneiros. No verão de 1943, cinco partisans foram a casa do Padre Nicolau, quatro partiram e um ficou. Nessa altura, os alemães chegaram à aldeia e o padre escondeu o guerrilheiro na cave até altas horas da noite. A mulher do padre passou medicamentos para o destacamento partidário. A guerra ainda não tinha terminado quando o Padre Nicolau foi preso. Isso aconteceu no segundo dia de Natal, a 8 de janeiro de 1945. Foi acusado de traição à Pátria e condenado, a 30 de abril de 1945, a 20 anos de trabalhos forçados, com uma pena de 5 anos de prisão e confisco de bens. Nove anos após o anúncio da sentença, o Padre Nicolau escreveu a K. Voroshilov uma petição de revisão do caso, na qual indicava em pormenor como tinha ajudado não só os partisans, mas também os seus paroquianos a sobreviver à ocupação. A petição ficou sem resposta. Em 1964, o padre voltou a apresentar uma queixa ao Procurador-Geral da Justiça Militar e, a 10 de abril de 1965, o processo foi arquivado por falta de corpo de delito. 20 anos de prisão não abalaram o padre na sua tentativa de provar a sua inocência. A justiça prevaleceu, mas apenas 20 anos de vida que ninguém pode devolver. Mas nestes anos mais fecundos da vida (33 - 53 anos), o Padre Nicolau poderia ter feito muita coisa útil, prestando serviço na paróquia. Mas teve de carregar uma cruz completamente diferente, que ele, como muitos outros, não suspeitava, mas que carregou com honra.

Intercederam diretamente pelas pessoas detidas por suspeita de ligações com os partisans, o padre da igreja de Hanchar, no distrito de Lida, na região de Grodno, Nikolai Ustinovich, e o padre da aldeia de Olekshitsy, no distrito de Berestovitsy, na região de Grodno, Jokim Leszczynski [4]. Fyodor Vybornov, um padre de Grodno, e Elena Shemelevskaya, uma santa partidária do destacamento de Zabelin, não desistiram. Elena Shemelevskaya usou o apartamento do padre Fyodor para se encontrar com o segundo contacto [4].

Por vezes, os padres conseguiam salvar a população da morte. Por exemplo, o reitor da igreja da aldeia de Svetilovichi, na região de Gomel, John Rozhanovich, tendo sabido da ação punitiva, informou os partisans na floresta. As acções punitivas eram sempre acompanhadas de grandes perdas de vidas. Os primeiros a sofrer o golpe eram os velhos, as mulheres, as crianças, os que viviam na fronteira das zonas partidárias. O comando da guerrilha compreendeu isso. Para salvar a população civil, foi decidido enviar uma delegação da Igreja aos punidores com uma queixa contra os partisans, sublinhando a sua força considerável. A delegação pede aos castigadores que "os protejam dos bandidos". O chefe da delegação era o Padre João, que conseguiu convencer os punidores de que os aldeões não estavam envolvidos com os partisans e retiraram-se [100, p. 14].

Nos arredores da aldeia de Hanchary, no distrito de Lida, região de Grodno, um dia, no verão de 1942, deflagrou um tiroteio. Assustados, os aldeões refugiaram-se na floresta. Quando os guerrilheiros entraram na floresta, os punidores começaram a fazer perguntas ao pároco, Padre Nikolai Ustinovich, sobre os guerrilheiros. O padre convenceu-se de que não havia partisans na aldeia. Depois, os alemães conduziram o padre sob escolta através da aldeia, avisando que, se houvesse um único tiro, o padre seria morto e a aldeia seria incendiada. Com uma escolta sinistra, o Padre Nicolau percorreu toda a aldeia. Nenhum tiro foi disparado, os habitantes sobreviveram [4]. Nessa altura, o Padre Nicolau não tinha sequer 30 anos. Nasceu em 1916 na sloboda Metera, região de Vladimir, numa família de bielorrussos. Em 1924 a família mudou-se para Lida, o rapaz foi estudar na escola popular de Lida, em 1927 Nikolai tornou-se aluno do ginásio humanitário estatal com o nome de Karl Khatkevich, que concluiu em 1936. No ano seguinte, tornou-se estudante na faculdade de teologia da Universidade de Varsóvia, onde conseguiu estudar apenas duas disciplinas. Após os acontecimentos de 1939, regressou a Lida, onde trabalhou como secretário da secção de Lida da Guarda do Trabalho, como diretor de uma escola e como diretor da estação técnica para crianças. Uma semana após o início da Grande Guerra Patriótica, Nikolai foi para o Mosteiro Zhirovitsky, onde foi ordenado sacerdote pelo Bispo Venedikt (Bobkovsky) com a bênção do Metropolita Panteleimon (Rozhnovsky). Depois da sua ordenação, foi-lhe dado um lugar na igreja de G onchar. O Padre Nicolau foi preso em 1943 pelos guardas do cruzamento ferroviário Lida-Gonchary e levado para uma prisão numa cidade militar alemã na periferia sul de Lida. Passados três dias, foi transferido para a prisão da cidade de Lida, onde esteve detido de 18 de agosto a 2 de setembro de 1943. O Padre Nicolau falava fluentemente alemão e os interrogatórios foram efectuados sem intérprete. Tentaram acusar o padre de ter ligações com os partisans. Segundo o sacerdote, ele e o comandante do destacamento partidário tinham um acordo: para evitar represálias ou denúncias por parte dos vizinhos, o Padre Nicolau podia denunciar os partidários que vinham ter com ele depois de terem entrado na floresta. Depois de três horas de interrogatório, os alemães libertaram o padre, mas quando este regressou a casa prenderam-no novamente e mantiveram-no na solitária durante seis dias, sem qualquer interrogatório. Havia razões para suspeitar do padre. Em 1942, os alemães prenderam os pais dos partidários de Goncharakh - Daineko Alexander e Mityukevich Kazimir. Os familiares pediram ajuda ao Padre Nicolau.

Após a sua intercessão, os presos foram libertados. O sacerdote defendeu os pais dos partisans e perguntou por eles mais de uma vez. Prometeu a Kudele Elizaveta Yulianovna que a protegeria. Durante os anos 1942-1943, os partisans visitaram sistematicamente a casa do padre. A Matushka preparava comida, sabendo que os partisans precisavam de ser alimentados. Em 1942, Divlyuk Stepan Ignatyevich foi ter com o Padre Nikolai e pediu-lhe que o ajudasse a salvar o seu parente Dikevich Nikolai Ippolitovich de ser fuzilado. Em segredo de toda a gente, o padre foi a uma quinta remota e fotografou Dikevich. Algum tempo depois, o Padre Nicolau conseguiu obter documentos para o seu homónimo, e este permaneceu vivo. Por causa da ligação com os guerrilheiros, foi preso um residente de v. Gonchary Kumpiak Victor Petrovich. O Padre Nicolau ensinou-o a responder às perguntas e aconselhou-o a não confessar nada. O padre foi com Victor ao interrogatório e esperou por ele no corredor. Esta atenção e intercessão do padre salvaram Victor Petrovich de ser fuzilado e de ser deportado para a Alemanha. Em 1942-1943, por iniciativa do padre, foram erguidas cinco cruzes perto das aldeias vizinhas da aldeia de Gonchary, para mostrar que os habitantes locais eram cristãos ortodoxos. Desde o outono de 1943, a aldeia de Gonchary era um reduto alemão e o padre mantinha relações com o comandante Weitgertner. Era através dele que o Padre Nicolau, se possível, devolvia os passaportes que tinham sido levados pelos alemães durante as rusgas. No dia da vitória sobre a Alemanha hitleriana, foi celebrada uma cerimónia na igreja de Gonchar. O Padre Nikolay foi preso em 1950, acusado de actividades anti-soviéticas e de cooperação com os alemães. Vasiliev Nikolai Alexandrovich, que durante os anos de guerra foi chefe do estado-maior do destacamento partidário "Iskra" da Brigada de Kirov, no inquérito afirmou que o Padre Nikolai ajudava os partidários, mas não era um elemento de ligação. A 14 de agosto de 1950, o Padre Nicolau Ustinovich foi condenado a 25 anos de prisão em campos de trabalho e enviado para Vorkuta. Depois, a pena foi reduzida para 15 anos, depois para 10 e, por fim, para 7 anos. Na altura em que a sentença foi anunciada, o padre tinha 34 anos de idade.

Durante a ocupação, o padre da aldeia de Milevichi, distrito de Zhitkovichi, região de Gomel, Eugen Krokas, cooperou ativamente com o destacamento partidário de Klim Voroshilov e indicou a direção do movimento das tropas alemãs. Em 1943, o Padre Eugénio leu aos seus paroquianos o apelo do Soviete Supremo da BSSR "Ao povo bielorrusso".

Fotografia. O padre Eugene Krokas com os seus paroquianos em 1943.
Fotografia dos fundos do Museu Estatal da História da Grande Guerra Patriótica, em Minsk.

Fotografia. O padre Eugene Krokas mostra os partidários a avançar com os punidores,
Fotografia dos fundos do Museu Estatal da História da Grande Guerra Patriótica, em Minsk.

Muitos guerrilheiros precisavam de assistência médica. O padre Boris Kirik, que prestava serviço na aldeia de Yatra, distrito de Korelichi, região de Grodno, para além da sua formação espiritual, tinha também formação médica - era paramédico. O Padre Boris, debaixo do chão da sua igreja, escavou uma cave, na qual construiu um hospital para os guerrilheiros com dez camas [25]. O irmão de Boris Kirik, Pavel Kirik, era o secretário do Bispo Athanasius (Martos) em Novogrudok. O Padre Boris passava receitas e Pavel Kirik recebia os medicamentos de acordo com elas na farmácia da cidade de Novogrudok, de uma conhecida do farmacêutico, a filha do padre Sosinovskaya. Semanalmente, o padre Boris vinha pedir medicamentos ao irmão [25]. Para manter o hospital subterrâneo eram necessários não só medicamentos, mas também ajudantes voluntários, que eram recrutados entre os paroquianos. Para isso, era necessário que os aldeões de Yatry respeitassem as regras da conspiração e, da parte do padre, o talento de um organizador e uma grande confiança nos paroquianos. Uma só denúncia teria sido suficiente para matar toda a aldeia. Estes factos mostram que os clérigos que ajudaram o movimento antifascista tinham a sua própria rede de agentes, praticamente desconhecida dos investigadores bielorrussos.

A guerra dividiu fortemente as pessoas de ambos os lados das barricadas. De cada lado, havia participantes na guerra que queriam ou não queriam participar. E enquanto os clérigos que ajudavam o movimento partidário e clandestino eram sujeitos à repressão das autoridades de ocupação, os padres que colaboravam com os nazis temiam represálias das forças antifascistas.

Os partisans condenaram à morte os clérigos que colaboraram com o regime de ocupação. Em 7 de fevereiro de 1943, o padre Boris Matskevich (Rechitsa, região de Gomel) e em 21 de fevereiro de 1943 o padre Daniel Kuntsevich (paróquia desconhecida) foram executados por tribunais partidários. Alguns clérigos, temendo a vingança dos partisans, mudaram-se para outras paróquias. Assim, em 1943, depois de os guerrilheiros terem morto o comandante da gendarmaria alemã Naigard na aldeia de Novy Dvor, distrito de Radunsky, região de Grodno, o padre Eustafiy Balabushevich, temendo a ira dos guerrilheiros, mudou-se para a aldeia de Porozovo, distrito de Svisloch, na mesma região [4].

De acordo com as informações de que dispomos, 42 padres ortodoxos foram mortos pelos partisans durante os anos da ocupação. Entre eles: o Padre Anatoly Serpov, morto em 1942 (distrito de Postavy, região de Vitebsk, paróquia desconhecida), o Padre Vyacheslav Malashko, queimado vivo perto do município de Begoml, distrito de Dokshitsky, região de Vitebsk, no mesmo ano. O padre Oladko foi morto na Bielorrússia Oriental em 1942 (paróquia desconhecida), o padre Anton Kalinovsky - na paróquia de Valovtsy, distrito de Goretsy, região de Mogilev em 1943, o padre Nikolai Skobei - na Polónia em 1943. No mesmo ano, o padre Nikolai Deruga foi fuzilado juntamente com o seu filho Veniamin [80, l. 64; 58, p. 116117]. Os partidários mataram o Padre Nikolai depois de ele ter anunciado o decreto das autoridades alemãs sobre o desvio de pessoas para a Alemanha. Ambos estão sepultados na aldeia de Orlya, distrito de Shchuchyn, região de Grodno [31].

Foto. Padre Nicholas Deruga, em 1930.
Fotografia do arquivo pessoal do autor.

Houve casos de partisans que incendiaram igrejas e casas de padres. Por exemplo, na casa do Padre Siarhei Belaitz, na aldeia de Yavor, distrito de Dyatlou, região de Grodno, os alemães queriam instalar uma guarnição policial. Depois, os partisans queimaram a casa do padre e o Padre Sergei mudou-se para outra aldeia, onde era visitado repetidamente pelos partisans. Em março e abril de 1944, os guerrilheiros queimaram igrejas nos distritos de Braslavsky e Postavsky, na região de Vitebsk, e no distrito de Vileysky, na região de Minsk [20]. Durante a limpeza do território, os guerrilheiros queimaram a igreja na aldeia de Svatki, distrito de Myadel, região de Minsk [58, p. 118].

No dia 5 de julho de 1943, o Padre Ioann Kushner foi atingido por uma mina dos guerrilheiros, quando se tinha ido encontrar com o Bispo Stephan de Smolensk para o levar a Minsk para resolver assuntos eclesiásticos. A 8 de julho de 1943, o Padre João foi sepultado no cemitério militar de Minsk. Os discursos fúnebres foram proferidos pelo Metropolita Panteleimon, pelo Arcebispo Philotheus, pelo Mestre de Teologia Padre Michael Sevbo, pelo Mestre de Teologia Padre Nikolai Lapitsky e pelo Padre Nikifor Pysk [14].

Os padres ortodoxos também foram martirizados pelos soldados da Armia Krajowa. Esta formação aderiu à teoria dos "dois inimigos" - os nazis e os partisans soviéticos. As repressões dos "Akovtsy" na Bielorrússia Ocidental foram dirigidas sobretudo contra a população ortodoxa. Na paróquia de Tureysk, distrito de Shchuchinsky, região de Grodno, o padre Ivan Alekhnovich e a sua mãe foram torturados por um bando de polacos em 1942. Os bandidos cortaram-lhes as orelhas e os narizes, arrancaram-lhes os olhos, cortaram os seios da mãe, queimaram as feridas com fogo e maltrataram as vítimas até estas morrerem de agonia. Foi nomeado um novo padre para esta paróquia, o Padre Vasily, que foi morto no terceiro dia após a sua chegada [58, p. 120].

Hieromonk Lukasz, do Mosteiro de Zhirovitsky, foi designado para uma paróquia perto da cidade de Nowogrudok. Em 1920, as autoridades polacas tornaram a paróquia católica. Em 1941, voltou a ser ortodoxa. Em 1942, os "Akovtsy" atacaram a paróquia, prenderam Hieromonk Lukasz, enterraram-no vivo no chão até ao pescoço e puseram-lhe uma fogueira na cabeça [58, p. 120].

O padre Konstantin Majewski, empregado do BNS, foi morto pelo rebentamento de uma granada lançada em sua casa pelos "Akowskis" em 1943.

Na aldeia de Traby, distrito de Iviebsk, região de Hrodna, os bandidos avisaram o padre Anatol Kirik de que o iriam matar. Motivaram-no pelo facto de na paróquia católica local terem sido mortos quatro padres num curto espaço de tempo, enquanto o padre ortodoxo ainda estava vivo. O Padre Anatoly deixou urgentemente a paróquia e foi nomeado outro padre para o seu lugar, que conhecia a situação em Trabah, mas que servia a paróquia de acordo com o seu dever sacerdotal. O pastor foi morto pelos "Akovtsy" em 1943. Infelizmente, o nome deste padre não é conhecido, mas sabemos que foi enterrado por ortodoxos e católicos [58, p. 120].

O Arcipreste Mikhail Levanchuk, reitor da paróquia da aldeia de Krevo, distrito de Smarhon, região de Grodno, participou no movimento nacional-educativo bielorrusso durante a ocupação. Por sua iniciativa, foi organizada uma escola primária bielorrussa em Krevo, onde a filha do padre, Larisa, e uma sobrinha que veio de Minsk (nome desconhecido) trabalharam como professoras. O Padre Mikhail enterrou todos os que morreram às mãos dos bandidos de acordo com o rito ortodoxo, apesar da proibição. O jornal "Akovtsy" aproximou-se da casa do padre. O Padre Mikhail pediu autorização para rezar antes da sua morte. A filha e a sobrinha do padre foram levadas para dentro de casa e o Padre Mikhail foi morto à sua frente, tendo as raparigas sido também assassinadas. As vítimas foram enterradas pelos paroquianos [58, p. 120 - 121].

Qualquer ligação com os partisans era severamente punida pelas autoridades de ocupação. Os nazis não só autorizavam a abertura de igrejas, como também as queimavam impiedosamente se fosse detectada qualquer ligação com os partisans. Assim, no distrito de Drissen (agora

Verkhnedvinsk) da região de Vitebsk, cinco igrejas foram queimadas durante acções punitivas [86, l. 22]. Em outubro de 1943, na aldeia de Dory, distrito de Volozhin, região de Minsk, os punidores mataram 106 pessoas, 26 das quais foram levadas para a igreja e aí queimadas vivas [26].

Os habitantes da aldeia de Vulka, no distrito de Luninets, região de Brest, sofreram o mesmo destino terrível. Todos os quarenta e sete sobreviventes da aldeia, incluindo a família do padre, foram levados para a igreja. Shakhnovich, uma testemunha ocular destes acontecimentos, recorda que cerca de sessenta alemães invadiram a igreja. Espancaram as pessoas, dispararam contra ícones e depois atiraram cocktails Molotov contra a igreja. "Dezenas de chamas vivas ergueram-se, bem alto, em direção à cruz, estragadas pelo fumo. Ouve-se um estrondo, como se os sinos estivessem a tocar algures ao longe. Passaram-se mais alguns minutos no inferno dos gritos dos atormentados, o fogo roncou e faíscas douradas, como neve abundante, salpicaram o chão, seguidas das cinzas. Na cúpula central, as chamas da cúpula central, com a sua foice ardente, ceifavam as decorações e os ícones cobertos de ouro. Estes, brilhando no fogo, caem. Dois anjos esculpidos, colocados nos parapeitos, caíram como se estivessem vivos, com as asas estendidas, partindo-as ao cair. Ao baterem no chão, os anjos desfizeram-se em pedaços. Mais abaixo, na parede, estava um grande quadro do Juízo Final. Com uma luz cintilante caindo sobre ela, vinda das paredes em chamas. O quadro tinha sido pintado há mais de cem anos. A abóbada central estalou, rangeu e desmoronou-se, levantando um ruído e um estrondo. A cúpula e os restos das paredes desmoronaram-se, expondo os cadáveres dos torturados. Tendo terminado a "ação" nesta aldeia, os castigadores foram mais longe" [86, pág. 72 - 74]. [86, л. 72 - 74].

Foto. O padre Shasny é testemunha no julgamento do caso das atrocidades cometidas pelos invasores nazis. Foto de 1946, fundos do BGAKFFD.

O padre João Loiko era o reitor da igreja em nome da Intercessão da Mãe de Deus na aldeia de Khorostovo, distrito de Soligorsk, região de Minsk, que se situava na zona partidária. Em 1942, durante a festa da igreja, após o serviço divino, o P. João abençoou os seus filhos Vladimir, Vladimir e João. Em 1942, durante a festa da igreja, após o serviço divino, o Padre João abençoou os seus filhos Vladimir, Jorge e Alexandre antes da sua partida para o destacamento partidário: "A minha arma contra o inimigo é a Santa Cruz, e vós sede protegidos por Deus e servi honestamente a Batkivshchina" [100, p. 7]. [100, c. 7]. Nos primeiros dias de fevereiro de 1943, os fascistas, com as forças de várias divisões do exército de campanha e das SS, reforçadas por um batalhão combinado da polícia, levaram a cabo uma das maiores operações punitivas para destruir os partisans e, de facto, a população civil. Só na região de Pinsk, cerca de setenta aldeias e catorze igrejas ortodoxas foram queimadas durante esta operação. A 13 de fevereiro, os punidores completaram o cerco da zona partidária. O quartel-general partidário decidiu não entrar em combate, mas sair do cerco com o mínimo de perdas. O Padre João ficou com os seus paroquianos. No dia 15 de fevereiro, festa da Apresentação do Senhor, a missa na igreja começou, como de costume, por volta das seis horas da manhã. Passado algum tempo, ouviram-se tiros e tornou-se claro para os que estavam reunidos na igreja que os punidores tinham cercado a aldeia. O Padre João foi informado de que os fascistas tinham dito a toda a gente para ir à igreja rezar. Em breve a igreja estava cheia, mas ninguém podia sair do edifício. Pressentindo o perigo, o padre chamou todos os presentes para rezarem diligentemente e receberem a Sagrada Comunhão. Enquanto as pessoas cantavam "Eu acredito", os fascistas irromperam na igreja e começaram a retirar à força as jovens mulheres e raparigas da igreja. O Padre João pediu ao oficial que permitisse que a cerimónia terminasse. Um dos oficiais das SS empurrou o padre e este caiu sobre as portas reais. Os que estavam por perto viram pregos a serem martelados nas portas da igreja, e vários trenós com palha foram puxados para o pogost. Os polícias que participaram na ação de destruição, testemunharam mais tarde que, do templo já em chamas, se ouviu: "Recebe o corpo de Cristo, prova a Fonte Imortal" [100, p. 7]. [100, c. 7].

Mais de 300 corpos carbonizados foram enterrados na aldeia incendiada de Khorostovo. Numa das sepulturas queimadas vivas encontravam-se o padre John Lojko, a camponesa Anastasia Korzh com três filhos pequenos, um dos quais bebé, a família de Konstantin Kozlowski com cinco pessoas, o avô Danilevich de 90 anos e muitas outras mulheres, idosos e crianças inocentes.

Durante as expedições punitivas na região de Gomel foram queimadas igrejas nas aldeias de Pribytki, Babichi, Larishchevo, Pokolubichi, Skitok do distrito de Gomel [90, l. 20, 21]. Durante os anos de ocupação da cidade de Gomel, foram queimadas a Igreja da Natividade da Virgem, a recém-reconstruída igreja de Alexandre Nevsky e a catedral com todos os utensílios [90, l. 99].

Os punidores destruíram completamente as igrejas das aldeias de Zapolye, Zabolotye, Staroye Selo, Kisteni, Gadilovichi, Luchin, Tursk, Zborov do distrito de Rogachev e da cidade de Zhlobin. Muitas igrejas foram profanadas antes de serem incendiadas: o chão foi rebentado, os ícones foram partidos [90, l. 99, 190]. No total, 21 edifícios de igrejas foram incendiados por ordem das autoridades alemãs durante os anos de ocupação [95, l. 97].

Tudo no território da Bielorrússia ocupado pelos nazis foi declarado propriedade do Terceiro Reich e os nazis não faziam distinção entre instituições seculares e espirituais. Se as autoridades de ocupação o considerassem necessário, as igrejas eram utilizadas como edifícios para prisões e campos de concentração para prisioneiros de guerra.

Fotografia. O antigo campo de concentração perto das muralhas da Catedral de Santa Sofia, em Polotsk, criado pelos alemães para os habitantes de Polotsk e da região.

Fotografia de 1944, proveniente dos fundos do BGAKFFD.

Assim, na aldeia de Romanovichi, distrito de Gomel, região de Gomel, no outono de 1943, cerca de cem pessoas foram mantidas na igreja de São Nicolau, o Maravilhas [95, l. 20]. No distrito de Chechersk, na região de Gomel, os alemães, depois de terem saqueado as igrejas de Spasso-Preobrazhenskaya e o cemitério de São Jorge, destruído as mortalhas e cerca de vinte ícones pintados por monges e pintores da Lavra de Kiev-Pechersk no século XVIII, transformaram estas igrejas em campos de prisioneiros de guerra [90, 1. 207].

No início da guerra, no verão de 1941, uma unidade militar alemã parou perto de uma igreja em Polesie, cujo reitor era o Padre Nicolau Mikhailovsky. Os alemães quiseram pernoitar na igreja e no altar quiseram fazer uma chancelaria com pessoal feminino. O abade protestou contra tal sacrilégio e não deixou que as mulheres entrassem no altar. Os alemães enfurecidos atacaram-no, arrancaram-lhe a barba, escarneceram dele e depois mataram-no a tiro. O cadáver foi obrigado a ser enterrado no local da execução. Só um mês depois é que a mãe conseguiu obter dos alemães autorização para enterrar o Padre Nicolau no cemitério [58, p. 122].

No verão de 1941, havia seis monges de origem judaica no mosteiro de Zhirovitsky. Eles tinham tomado a tonsura monástica há muito tempo e eram respeitados por todos. Quando, em junho de 1941, a cidade de Slonim e a aldeia de Zhirovitsy foram ocupadas pelas tropas alemãs, o mosteiro foi cercado, todos os monges foram ordenados a alinhar-se e os monges de origem judaica foram selecionados de entre eles. Apesar dos pedidos do Metropolita Panteleimon (Rozhnovsky), os monges foram fuzilados no local [58, p. 122].

O padre Ignatiy Yermolyuk foi preso pelos alemães por batizar judeus e emitir-lhes métricas. O padre foi enviado para um campo, de onde não regressou [58, p. 122].

O padre Khodosyuk contou: "Na Aldeia Velha os alemães rasgaram o chão, as portas, as janelas da igreja, partiram a iconóstase, rasgaram os ícones que estavam no chão, todos os utensílios da igreja foram destruídos" [90, 1. 99]. [90, л. 99].

Na aldeia de Teleshi, distrito de Gomel, região de Gomel, os nazis transformaram a igreja numa casa de banho e saquearam os bens e o inventário [90, 1. 414].

Se se descobrisse que algum dos padres tinha ligações com os partisans, a morte aguardava-os. Por exemplo, Vladimir Nazarevsky, um padre da diocese de Polotsk, que cooperou com os partisans, foi brutalmente torturado e, como agradecimento, lavraram a horta do padre durante a noite. De manhã, foi preso. O Padre Alexander Volosovich, de 92 anos, foi preso e executado por se recusar a colaborar com as autoridades de ocupação [104].

O destino de muitos sacerdotes patriotas não foi fácil. O hieromonge Sérgio, do mosteiro de Zhirovitsky, foi levado para a Alemanha, para um campo de concentração. O seu destino é desconhecido [63, p. 274]. O padre Mikhail Kashelia e o salmista da igreja de Rakovichi, Vsevolod Ivanovich Olekhnovich, foram levados para a Alemanha pelos alemães em 1943 [35, pág. 92; 36, pág. 29]. São conhecidos casos de familiares de clérigos que foram levados para a Alemanha. No mesmo ano de 1943, os alemães enviaram para o campo de concentração a mãe e o pai da mulher do padre Nikolai Ustinovich [4].

No outono de 1943, os alemães mataram o padre Nikolai Mikhailovsky, reitor da Igreja da Santa Cruz da aldeia de Rogozna, distrito de Zhabinka, região de Brest. Contra a sua vontade, uma unidade militar alemã ocupou a igreja e instalou aí um posto. Alguns dos habitantes da aldeia foram pendurados nas grades de ferro das janelas e maltratados, entrando na igreja a cavalo. O Padre Nicolau protestou junto das autoridades alemãs superiores na cidade de Brest. Depois disso, foi preso, o padre foi obrigado a cavar uma sepultura para si próprio no pogost da igreja, pendurado na vedação da igreja e espancado, depois, quase vivo, ajoelhou-se à beira da sepultura e foi fuzilado [44].

O padre Novik, com a mulher e os filhos, bem como o arcipreste Pavel Sosnovsky, de 72 anos, foram fuzilados devido à sua ligação aos partisans. Após tortura brutal, o padre Pavel Shcherba, de 47 anos (paróquias desconhecidas), foi também fuzilado [58, p.122].

O Padre Kosma Raina, reitor da igreja da aldeia de Chojno, distrito de Zhabchytsky, região de Pinsk, falou no funeral dos habitantes da aldeia de Nevel, no mesmo distrito, região de Pinsk, executados pelos nazis: "Acreditamos que, através das orações da Santa Igreja, eles receberão repouso com os santos, acreditamos que a memória dos mortos será preservada não só nos nossos corações, mas também nos corações daqueles que viverão livremente nesta terra onde o seu sangue inocente foi derramado." [100].

Foto. A sepultura do Arcipreste Kosma Raina no Cemitério Serafimovsky em São Petersburgo.
Fotografia do arquivo pessoal do autor.

Com a ajuda dos partisans, o Padre Kosma conseguiu juntar-se a um destacamento de partisans e assim evitou a morte. O arcipreste Kosma era diácono do distrito ocidental de Pinsk. Durante os anos de ocupação, não cessou os seus serviços divinos. Como recorda o seu filho, Pavel Raina, no início de 1942, o Padre Kosma foi convidado pelo burgomestre do distrito e exigiu insistentemente que não se mencionasse a saúde da hierarquia da Igreja de Moscovo nas orações, e a oração "Pelo nosso país, pelas autoridades e pelos seus anfitriões, rezemos ao Senhor" foi substituída pelas palavras "Oremos a Deus pelo país libertado da Rússia e pelo exército alemão vitorioso", tal como constava da circular do consistório espiritual de Pinsk [100]. No entanto, na noite de Páscoa de 1943, o padre leu, perante uma enorme multidão, o discurso do Metropolita Nicolau (Yarushevich) à população do território temporariamente ocupado. No seu sermão, dirigindo-se aos paroquianos, o Padre Kosma disse: A vontade de Deus não está nos decretos dos ocupantes, mas no mandamento de Nosso Senhor Jesus Cristo de nos amarmos uns aos outros e de nos lembrarmos sempre que "não há maior amor do que aquele que dá a vida pelos seus amigos". A vontade de Deus não está nas ordens dos fascistas, mas nos apelos da nossa Igreja Ortodoxa Russa nativa aos nossos corações crentes, para que nesta hora terrível haja o menor número possível de flores ocas no campo da igreja e cada coração vivo floresça com raios de misericórdia para os nossos irmãos que defendem a nossa fé ortodoxa e a nossa Pátria de armas nas mãos. Irmãos! Quem puder e sempre que puder, ajude os vingadores do povo na sua boa e grande causa! E, sobretudo, fazei tudo "não suspirando, mas dando sempre graças a Deus, que vê todo o vosso coração e vos pagará cem vezes mais no vosso último dia..." [100]. [100]. A 9 de outubro de 1943, de madrugada, os fascistas cercam a aldeia de Hoino. O Padre Kosma estava na igreja, ordenaram-lhe que se expusesse e fosse à esquadra da polícia. Levaram-lhe os documentos do padre, dizendo-lhe que não voltaria a precisar deles. O Padre Kosma apercebeu-se que tinha chegado a sua última hora. Ao passar pela igreja, o padre ajoelhou-se e começou a rezar. Os guardas eram checos e, vendo o fervor com que o padre rezava, afastaram-se para não o incomodar. Como o próprio padre recorda, não sabe quanto tempo durou a sua oração. Quando se pôs de pé, viu que não havia ninguém por perto. Levantando-se, fez uma vénia e dirigiu-se para a floresta. Alguns dias antes das festas de fim de ano, o comandante do destacamento partidário de Kirov, Nedelin, convidou o padre a participar na manifestação de Ano Novo. Eis como o Padre Kosma descreve este acontecimento: "... Num vasto descampado em frente ao quartel-general, foram construídos abrigos por companhias de heróis partidários. O chefe do estado-maior que me acompanhava, apercebendo-se de que eu procurava alguém com os olhos, compreendeu-me sem palavras, apontou-me para os batedores que se encontravam à nossa direita, entre os quais vi os meus filhos Pedro e Paulo. O meu coração bateu numa alegria indescritível. O comício de Ano Novo começou. E agora era a minha vez de dizer uma palavra: "Caros irmãos, somos todos filhos de uma grande Pátria, cujo amor nos reuniu aqui para celebrar o próximo Ano Novo de 1944.

Não muito atrás de nós estão as nossas mães, filhos e mulheres, que esperam que os protejamos do inimigo, que veio para nos tirar o pão e nos transformar a todos em escravos. Mas a nossa terra bielorrussa, que é objeto de crónicas, sempre foi rica em heróis milagrosos.... Sei que alguns de vós têm espingardas francesas do tempo da primeira Guerra Patriótica de 1812. O que é que isso diz? Os nossos bisavós também defenderam a sua pátria e protegeram-na. Sei que muitos de vós têm não só espingardas automáticas alemãs, mas também metralhadoras, e isso mostra que sois os mesmos deuses prodígios que, no próximo ano, creio, irão libertar a sua terra natal do mal fascista. E que Deus nos ajude nesse grande esforço! Feliz Ano Novo, meus queridos e minhas queridas! As últimas palavras foram cobertas por um poderoso e triplo 'hurrah'." [100]. A 15 de novembro de 1944, o comandante do destacamento partidário de Kirov, Nedelin, escreveu uma caraterística sobre o padre

Kosma Raina, que indicava que ele ajudava os partidários que operavam atrás das linhas inimigas, fornecia informações aos destacamentos partidários, incitava a população a ajudar os vingadores do povo, mostrava-se um verdadeiro patriota da sua pátria.

A família do padre da aldeia de Lasha, Vitaly Borovsky, foi fuzilada pelos alemães no outono de 1943, devido à sua ligação com os partisans. Foi traído pela mulher do chefe adjunto da aldeia, Maria Lyanger, que viu partidários em casa do padre. A informadora não escapou à represália. Os guerrilheiros matam-na [4].

O padre Pyotr Batsyan, que era reitor da aldeia de Kobylniki, distrito de Myadel, região de Minsk, foi preso pela SD por ajudar judeus. O Padre Piotr tinha sessenta anos de idade. Foi cruelmente maltratado na prisão de Minsk: atrelaram-no a um arado e lavraram a horta da prisão, envenenaram-no com cães até o padre morrer. Em 1943, os SD mataram o Padre Malishevsky na cidade de Slonim, na região de Grodno. O arcipreste Pavel Sosnovsky emitiu certificados de fiabilidade. Durante a rusga, foi preso um homem com o certificado do Padre Pavel, pelo que o Arcipreste Pavel foi preso pelos SD e brutalmente torturado [58, p. 123].

O padre Boris Kirik também foi morto. Foi traído por um homem que foi tratado num hospital clandestino e que depois se juntou à polícia. Kirik morreu sem entregar o seu irmão e Sosinovskaya [25].

Em alguns casos, os sacerdotes-patriotas foram distinguidos com prémios governamentais. Pelos serviços prestados à Pátria e pela sua coragem pessoal, o padre (mais tarde arcipreste, reitor da Igreja de S. Alexandre Nevsky no Cemitério Militar de Minsk) Viktor Vasilievich Bekarevich foi condecorado com a Ordem da Grande Guerra Patriótica do segundo grau [99].

Pela sua participação no movimento partidário, Kuzma Petrovich Raina foi galardoado com as medalhas de combate "Pela Vitória sobre a Alemanha" e "Partidário da Grande Guerra Patriótica" I grau.

O Padre Vasily Kopychko foi galardoado com as medalhas "Pela Vitória sobre a Alemanha", "Pelo Trabalho Valoroso durante a Grande Guerra Patriótica" [46]. [46].

O arcipreste de Zashtat, Peter Rozhanovich, da paróquia da aldeia de Rukhcha, distrito de Stalin, região de Brest, pelos seus serviços durante a Grande Guerra Patriótica, pela ajuda que prestou aos seus paroquianos e às unidades partidárias locais, foi galardoado com a medalha "Pelo Trabalho Valoroso durante a Grande Guerra Patriótica" [46] [46].

O padre da paróquia da aldeia de Omelenets, distrito de Kamenets, região de Brest, Evgeny Miseyuk (mais tarde arcipreste, clachar da Catedral de Holy Dukhov em Minsk) foi galardoado com a medalha "Pelo Trabalho Valoroso durante a Grande Guerra Patriótica" e com a Ordem de São Sérgio de Radonezh pelo seu trabalho patriótico durante a guerra.

Foto. Padre Eugénio Miseyuk. Anos 1930-40 do século XX.

Fotografia do arquivo pessoal do autor.

O Marechal G. K. Zhukov dirigiu-se pessoalmente ao Padre Eugénio, agradecendo o seu serviço à Pátria e reconhecendo os seus serviços, enviou da Prússia Oriental para a Igreja da Santa Cruz, na aldeia de Omelenets, três sinos de igreja [43].

Em 1945, o Padre Fyodor Slabukho, pároco da igreja de Porech, no distrito de Pukhovichi, na região de Minsk, enviou uma carta a P.K. Ponomarenko, na qual relatava a sua difícil situação financeira. Durante a ocupação alemã, o Padre Fyodor prestou assistência material aos partisans. Por ordem direta de P.K. Ponomarenko, foi preparado um pacote de alimentos para o padre, que foi levado pessoalmente pelo Vice-Presidente do Conselho dos Comissários do Povo da BSSR, Grekova, que ao mesmo tempo lhe ofereceu uma medalha partidária [95, l. 4].

Em dezembro de 1942, o Metropolita Sérgio (Stragorodsky) apelou a todos os crentes para que doassem fundos para a coluna de tanques com o nome de Dimitri Donskoy: "Que a nossa coluna eclesiástica ostente a bênção da nossa Igreja Ortodoxa e a sua oração incessante pelo sucesso das armas russas. Ela dar-nos-á a todos a consciência reconfortante de que não ficaremos de lado, de que também nós, pela nossa força e capacidade, participamos na causa sagrada de salvar a Pátria" [102, p. 42]. [102, c. 42].

Fotografia. Coluna de tanques com o nome de Dimitriy Donskoy.
Foto dos fundos do BGAKFFD.

Foto. Combatentes da coluna de tanques com o nome de Dimitriy Donskoy
Foto dos fundos do BGAKFFD.

O dinheiro para a construção da coluna de tanques foi transferido para as sucursais locais do Banco do Estado para ser transferido para o fundo especial para a construção da coluna de tanques da igreja com o nome de Dimitri Donskoy, localizada em Moscovo. Ao mesmo tempo, o Patriarcado de Moscovo foi também notificado dos donativos. Até junho de 1942, tinham sido recolhidos mais de 8 milhões de rublos [102, p. 42]. Paralelamente, foram recolhidos agasalhos para os soldados do Exército Vermelho, dinheiro para lhes oferecer nos feriados, para cuidar dos deficientes de guerra, para a educação dos filhos dos militares e para a restauração das zonas afectadas pela ocupação alemã. No final de 1943, o total das contribuições da Igreja Ortodoxa Russa para o fundo de defesa ascendia a mais de 300 milhões de rublos. Só em março de 1943 os crentes e leigos da Bielorrússia, evacuados para o interior da Rússia, e os que se encontravam em território ocupado pelo inimigo, contribuíram com 5.400 rublos para a construção do avião e do comboio blindado "Soviet Belorussia" [61, p. 169].

A Bielorrússia foi rapidamente ocupada pelo inimigo e não pôde prestar ajuda monetária ao Exército Vermelho na sua totalidade. No entanto, durante a ocupação, houve casos isolados de clérigos que transferiram dinheiro para o Exército Vermelho através de destacamentos partidários e de comités distritais clandestinos do Partido Comunista. O padre Yakov Slobukho, de 72 anos de idade, do distrito de Gressky (atualmente distrito de Kopyl) da região de Minsk, transferiu 200 rublos em dinheiro e 180 rublos em obrigações para o comité distrital clandestino de Gressky do Partido Comunista (b)B para o fundo de defesa do país, o que foi mencionado no relatório político do secretário do comité distrital clandestino de Gressky do Partido Comunista (b)B I. I. Puzevich para Minsk.I. Puzevich ao comité regional clandestino de Minsk do PC(b)B sobre o partido, o trabalho político de massas e as actividades de combate da resistência em maio de 1943 [29, p. 435]. E em 28 de julho de 1943, o padre da aldeia de Vetly, distrito de Pinsk, região de Brest, cujo nome, infelizmente, é desconhecido, deu ao comissário do destacamento partidário de Suvorov, Sergei Chubarev, 490 rublos para a construção de uma coluna de tanques [46]. A coluna de tanques da igreja com o nome de Dimitri Donskoy participou em muitas batalhas durante a Grande Guerra Patriótica, ganhando fama.

A assistência ativa à frente por parte da Igreja Ortodoxa na Bielorrússia começou a partir do momento da libertação da República das tropas alemãs e continuou até ao fim da Grande Guerra Patriótica.

Já em 24 de agosto de 1944, a ordem do Conselho dos Comissários do Povo da URSS autorizava o Banco do Estado a abrir contas correntes para as sedes diocesanas e paroquiais do Patriarcado de Moscovo, para armazenar fundos eclesiásticos e para donativos [94, 1. 8].

O Arcebispo Vasily (Ratmirov), que dirigiu a Igreja Ortodoxa na Bielorrússia após a libertação da república, fez muitos esforços para recolher ativamente donativos. Enquanto durante a ocupação o clero ortodoxo prestava sobretudo apoio à frente através de orações, a partir de agosto de 1944 começou a prestar uma ajuda material substancial. Em dezembro de 1944, a Igreja Ortodoxa da Bielorrússia tinha recolhido 4 872 000 rublos para o fundo de defesa do país, para as famílias e para os órfãos dos soldados do Exército Vermelho [92, l. 140].

Em 19 de janeiro de 1945, o Arcebispo Vasily dirigiu-se ao Presidente do Conselho dos Comissários do Povo da BSSR, P.K. Ponomarenko, pedindo-lhe que autorizasse a abertura de uma fábrica de velas para a igreja. Em outubro de 1944, foi aberta uma fábrica para a produção de velas de igreja na Administração da Igreja de Minsk. A sua abertura tinha dois objectivos: satisfazer os pedidos de velas da Igreja e angariar fundos para o fundo de defesa do país [92, l. 51]. Mas devido ao facto de no território da Bielorrússia existirem muitas oficinas artesanais com este perfil, as vendas de velas da fábrica foram muito reduzidas. Assim, de outubro de 1944 a janeiro de 1945, o volume de negócios da fábrica foi de 96 000 rublos, dos quais 25 000 rublos foram transferidos para o fundo de assistência às famílias dos soldados do Exército Vermelho e 15 000 - para o fundo de defesa [92, l. 51]. O Arcebispo Basílio calculou que, se a fábrica servisse todas as igrejas da Bielorrússia, o capital de exploração seria de pelo menos 1.500.000 rublos e as contribuições para o fundo de defesa não seriam de 40.000 rublos, mas de cerca de 1.000.000 rublos [92, fol. 51]. A este respeito, o Arcebispo Basílio dirigiu-se a P.K. Ponomarenko, pedindo-lhe que emitisse uma ordem do Conselho dos Comissários do Povo da BSSR para liquidar todas as oficinas de velas existentes ilegalmente. Argumentou que isso contribuiria para o desenvolvimento da fábrica de velas, que afectaria somas consideráveis ao Fundo de Defesa do país [92, l. 52].

O Arcebispo Basílio dirigiu repetidamente mensagens aos fiéis, pedindo-lhes que fizessem donativos para o fundo de defesa do país. Esta ação teve resultados positivos. Só para o período de 1 de setembro a 31 de dezembro de 1944, o clero da Bielorrússia e os crentes recolheram 2 190 473 rublos em dinheiro, alimentos e lonas [92, l. 54]. Deles receberam 1 639 393 rublos para o fundo de defesa do país e 551 080 rublos para o fundo de ajuda às famílias e aos órfãos dos soldados do Exército Vermelho. Para além disso, o Arcebispo Basílio contribuiu pessoalmente com 33.000 rublos para o fundo de defesa e 75.000 rublos para o fundo de ajuda às famílias e aos órfãos dos soldados do Exército Vermelho. Graças aos esforços do clero ortodoxo, foram recolhidos 2.300.475 rublos e transferidos para os dois fundos [92, l. 54]. Foi "a primeira dádiva modesta, a dádiva de amor ao Exército Vermelho, que esmaga agora a besta fascista na sua própria toca", escreveu o Arcebispo Basil P.K. Ponomarenko em março de 1945 [92, l. 54]. Assegurou que a Igreja Ortodoxa da Bielorrússia continuaria a tomar "a parte mais viva na prestação de assistência material ao Exército Vermelho na derrota final da Alemanha nazi" [95, l.98]. [95, л.98].

As doações materiais prosseguiram em 1945. Se durante cinco meses de 1944 (de agosto a dezembro de 1944) na região de Brest foram recolhidos 140 986 rublos e duas libras de moedas de prata para as necessidades militares, em janeiro-fevereiro de 1945 a recolha de dinheiro para as necessidades de defesa ascendeu a 512 627 rublos e uma libra de moedas de prata [95, l. 98].

No distrito de Kobrin (o arcipreste F. Dmitriuk era o arcipreste) foram recolhidos 172 073 rublos, no distrito de Antopolsk (o arcipreste A. Matskevich era o arcipreste) - 74 760 rublos, no distrito de Vysokovsk (o arcipreste S. Dekov era o arcipreste) - 59 032 rublos [95, l. 98, 118]. Para além disso, chegaram em quantidades significativas cereais, alimentos e roupa de cama. Durante dois meses de 1945, só no distrito de Vysokovskiy foram entregues 5 700 quilogramas de cereais e outros produtos, 632 metros de tecido, 330 unidades de coisas diferentes (luvas, meias, cachecóis). No total, o clero e os crentes da região de Brest contribuíram com 1.328.580 rublos e três libras de prata para vários fundos em 1944-1945 [95, fol. 98, 118].

Os bispos da região de Brest, na sua reunião de 15 de março de 1945, dedicada ao desenvolvimento da agitação e do trabalho patriótico entre os fiéis, decidiram "conduzir incansavelmente o trabalho patriótico em todas as paróquias da diocese, mantendo o espírito de vigor entre os paroquianos através de sermões apropriados no púlpito da igreja e em conversas privadas, dispondo os paroquianos a generosas doações em dinheiro e em espécie para as necessidades causadas pela guerra, tanto por palavras como especialmente pelo exemplo pessoal" [95, fol. 98]. [95, л. 98]. Esta atitude e posição do clero ortodoxo foi observada em todo o território da Bielorrússia.

Abramov, sacerdote da igreja de Tolochin, no distrito com o mesmo nome, na região de

Vitebsk, realizou um trabalho considerável. Contribuiu com 10.000 rublos para o fundo do Exército Vermelho e 12.000 rublos para ajudar crianças órfãs. A igreja Slovenskaya do distrito de Tolochinsky recolheu 8.000 rublos, a igreja Beshenkovichskaya contribuiu com 17.000 rublos para vários fundos, outras igrejas da região de Vitebsk contribuíram com quantias de 1.000 rublos a 5.000 rublos [95, l. 188].

De março a junho de 1945, o clero e os crentes da região de Grodno contribuíram com 36 484 rublos para o fundo de defesa do país e deram em géneros 282 quilos de aveia e 8 quilos de linho. O clero e os fiéis da região de Grodno contribuíram com 12.958 rublos em dinheiro e 750 rublos em géneros para o fundo de assistência às famílias dos soldados da linha da frente e dos partisans soviéticos [96, l. 12].

Os crentes da região de Baranovichi (que existiu até 1954) doaram 65 971 rublos e 45 copeques ao fundo de defesa, 39 895 rublos aos órfãos e às famílias dos soldados do Exército Vermelho, num total de 105 866 rublos e 45 copeques [95, l. 59]. O clero também cuidou dos feridos, que foram tratados em hospitais. No início de 1945, a Igreja Ortodoxa organizou uma recolha única de alimentos para os hospitais militares e para as famílias dos soldados. Só na região de Baranavichy foram recolhidos 2 700 ovos, 12 quilogramas de manteiga, 1 865 quilogramas de centeio, 93 metros de lona, 2 quilogramas de linho e 80 quilogramas de batatas [95, l. 59].

Os crentes da região de Pinsk também deram o seu contributo para a frente. A região de Pinsk existiu até 1954 e depois foi integrada na região de Brest. Os paroquianos, juntamente com o clero, contribuíram com 101.110 rublos para o fundo de defesa, 51.540 rublos para o fundo de ajuda às famílias dos soldados do Exército Vermelho, 23.953 rublos em géneros para a construção e necessidades da coluna de tanques com o nome de Dimitri Donskoy e 85.898 rublos em dinheiro [95, l. 110].

O clero também participou no 4º Empréstimo Militar do Estado. O pároco da igreja de S. Jorge, o Vitorioso, na cidade de Lida, Evgeny Cheshik, subscreveu três mil rublos e exortou os fiéis a participarem na subscrição do empréstimo [95, página 4]. O padre da aldeia de Olekshitsy, distrito de Berestovitsy, região de Grodno, Vladimir Belyaev subscreveu mil rublos e contribuiu com esta quantia em dinheiro, durante o serviço religioso felicitou os crentes pela vitória sobre a Alemanha nazi e apelou à população para que participasse no 4º

Empréstimo Militar do Estado [95, l. 4]. No total, o clero ortodoxo da região de Grodno subscreveu o 4.º Empréstimo Militar do Estado e contribuiu com 52.990 rublos para o banco [95, página 12]. Os crentes da região de Pinsk subscreveram 12.945 rublos [95, página 110].

Se tivermos em conta o facto de que todos os donativos foram feitos durante os difíceis dias de guerra pela população que sobreviveu à ocupação, então estas quantias aparentemente pequenas de donativos tornam-se uma espécie de proeza de pessoas que colocam o destino da Pátria acima dos seus problemas pessoais, compreendendo que numa guerra terrível não se pode sobreviver sozinho.

Os clérigos incentivaram a população a doar não só através do exemplo pessoal. Aliaksandr Haholushka, sacerdote da igreja de Rakovichi, no distrito de Shchuchyn da diocese de Hrodna, soube que o conselho da aldeia, onde se situava a sua paróquia, não tinha cumprido o plano de abate de árvores. Na reunião geral dos camponeses, o padre ofereceu a sua ajuda ao conselho da aldeia. O padre pegou numa serra e num machado e foi trabalhar para a floresta. A notícia espalhou-se rapidamente pela paróquia. A população foi trabalhar na floresta depois do seu padre e ultrapassou o plano em dois dias [95, l. 3].

O padre da igreja Spasso-Preobrazhenskaya, na aldeia de Ostrino, região de Grodno, Pyotr Golosov, lia sistematicamente as ordens do Comandante Supremo I.V. Estaline durante os serviços religiosos e informava os crentes sobre a situação nas frentes e as vitórias do Exército Vermelho [95, l.3].

As dificuldades da guerra e do período de ocupação foram um fardo pesado para a população. A situação financeira do clero não era muito diferente da dos seus paroquianos. Após a libertação da Bielorrússia e até maio de 1945, a Igreja Ortodoxa na Bielorrússia, como já foi referido, contribuiu com cerca de 6 milhões de rublos e três libras de prata para vários fundos [101].

Para além das contribuições monetárias para vários fundos, o clero ortodoxo subscreveu o 4º Empréstimo Militar do Estado e contribuiu com 65.845 rublos para o banco [101].

Compreendendo as dificuldades das viúvas e dos órfãos, partilhando a sua dor, o clero ortodoxo deu-lhes 7.857 quilogramas de cereais, 725 metros de tecido e, em termos monetários, a sua ajuda ascendeu a mais de 85.000 rublos [101].

Pode concluir-se que uma parte significativa do clero ortodoxo participou ativamente no trabalho patriótico em 1944-1945. O apoio moral foi realizado através do seu serviço a Deus e da ajuda aos paroquianos com orações e consolação. A quantidade de assistência material à frente por parte do clero ortodoxo da Bielorrússia foi bastante significativa para o tempo de guerra e, sem dúvida, facilitou a vida de muitas pessoas e aproximou a Grande Vitória.

Literatura

1. Alekseev V. German policy towards the Russian Orthodox Church in the German-occupied territory of the USSR// On Themes Common and Russian. - Nova Iorque, 1963. - C. 90 - 124.

2. Alekseev V.A. O Marechal Estaline confia na Igreja // Agitador. - 1989. - № 10. -C. 26 - 30.

3. Arquivo do Comité de Segurança do Estado da República da Bielorrússia.

4. Arquivo do Departamento do Comité de Segurança do Estado na região de Grodno.

5. Barkan V. Será que o povo vai perdoar // Sovetskaya Belorussia. - 1965. - 7 de abril.

6. Belaruskaya gazeta. - 1942. - № 95. - 7 snizhnya.

7. Ibid. - 1942. - № 16. - 11 de março.

8. Ibid. - 1942. - № 39. - 6 de junho.

9. Ibid. - 1943. - № 1. - 7 de janeiro.

10. Ibid. - 1943. - № 97. - 18 de dezembro.

11. Ibid. - 1943. -№ 15. - 27 de fevereiro.

12. Ibid. - 1943. - № 23. - 22 de março.

13. Ibid. - 1943. - № 47. - 27 de junho.

14. Ibid. - 1943. - № 52. - 14 de julho.

15. Ibid. - 1943. - № 56. - 28 de julho.

16. Ibid. - 1943. - № 97. - 18 de dezembro.

17. Ibid. - 1944. - № 7. - 26 de janeiro.

18. Ibid. - 1944. - № 15. - 26 de fevereiro.

19. Ibid. - 1944. - № 23. - 22 de março.

20. Ibid. - 1944. - № 24. - 25 de março.

21. Ibid. - 1944. - № 25. - 29 de março.

22. Bielorrusso Staronka. - Vshchebsk. - 1942. - № 7. - 15 traunya.

23. Bird E. Tomas. Ortodoxia na Bielorússia: 1917 - 1980 // Zatsy. Belarus shstytut nawuy i mastatstva. - Nova Iorque, 1983. - C. 144 - 209.

24. Biblioteca do mosteiro de Zhirovitsky.

25. Biblioteca da administração diocesana de Minsk.

26. Volnaya pratsa (órgão do RC de Slonim CP(b)B). - Slonim. - 1943. - 12 de outubro.

27. Vasilieva O.Y. Russian Orthodox Church in 1927 - 1943 // Voprosy istorii. - 1994. - № 4. - C. 43.

28. Luta de todo o povo da Bielorrússia contra os invasores nazis durante a Grande Guerra Patriótica: em 3 vols / L.V.Arzhaeva, K.I.Domorad, I.M.Ignatenko et al. - Minsk, 1983-1985. - T. 1 - 3.

29. Movimento Nacional Partidário na Bielorrússia durante a Grande Guerra Patriótica (junho de 1941 - julho de 1944): Documents and Materials: In 3 vol. - Minsk: Bielorrússia, 1973. - T. 2. - C. 435.

30. Sacerdote Evstafiy Baslyk. Notas do padre Evstafiy. - Mn., 2005. - C. 164.

31. Memórias de A.I. Kurian.

32. Arquivo Estatal da região de Vitcbsk, f. 1431, op. 1, d. 1.

33. ibid. f. 2848, op. 1, d. 140.

34. Arquivo Estatal da Região de Grodno, f. 1, op. 1, d. 58.

35. ibid. 478, op. 1, d. 10.

36. ibid. 478, op. 1, d. 12.

37. ibid. 478, op. 1, d. 32.

38. ibid. 478, op. 1, d. 52.

39. ibid. 478, op. 2, d. 1.

40. História da RSS da Bielorrússia: em 2 vol./GS.Krauchanka, N.V.Kamenskaya. - Mshsk: Academia de Ciências da SSR da Bielorrússia, 1958. - T. 1 - 2.

41. História da RSS da Bielorrússia: 5 vols. - Mshsk: Navuka i tehshka, 1975. - T. 1 - 4.

42. Museu Estatal da História da Grande Guerra Patriótica em Minsk, Departamento de Fundos, n.º kp 14587, D - 82 - 62.

43. ibid., departamento de fundos, relatório a Vladyka de 17.02.48 da paróquia de Omelyanets, região de Brest.

44. ibid., departamento de fundos, mensagem do reitor da Igreja de São Nicolau na aldeia de Ozyaty, Arcipreste John Petruchuk, 27 de maio de 1958.

45. ibid., departamento de fundos, f. 8915, n/a 23879-23882.

46. ibid, Departamento de Fundações, kp 35687 D-9851 inv 35687.

47. ibid, departamento de fundos, kp 63215 20 - 7 - 7.

48. ibid, departamento de fundos, n/a 71007/1 w 8, a ya 24 A-33-68.

49. ibid, Departamento de Fundações, A 33-81 w 8a, I 24.

50. ibid., Departamento de Fundações, A 33-51, cap. 10 a, i 19.

51. ibid, Departamento de Fundações, A 33-72, w 8 a, i 24.

52. ibid, departamento de fundos, n/a 4162, 20 - 8a - 24.

53. ibid, departamento de fundos, n/a 458720 - 8a - 24.

54. Documentos de denúncia. - Minsk: Bielorrússia, 1964. - 270 c.

55. Dmytruk K.E. Swastika on sutans. - M: Literatura Política, 1976.

56. Znamya Yunosti. - 1964. - 31 de julho.

57. História da Segunda Guerra Mundial 1939 - 1945: em 12 vols. / Editado por A.A. Grechko. - Moscovo: Voenizdat do Ministério da Defesa da URSS, 1975. - T. 1- 12.

58. Kasiak I. Z pstor'n pravoslaunai tsarkva Belaruskaga narodu. - Nova Iorque: BCR, 1956. - 190 c.

59. Canfesn na Bielorrússia (finais dos séculos XVIII a XX) / Ed. U.1. Navshkt - Minsk: VP "Ekaperspectiva", 1998. - 340 c.

60. Korzun M.S. Igreja Ortodoxa Russa. 1917 - 1945. - Minsk: Bielorrússia, 1987. - 111 c.

61. Kotov A. Drama da Igreja bielorrussa // Neman. - 1997. - № 1. - C. 155 - 174.

62.   Museu de História e Tradições Locais de Kletsky, Departamento de Fundos.

63.   Martos A. Belarus na história e na vida do Estado e da Igreja. - Buenos Aires, 1966. - C. 270 - 290; Martas A. Mataryaly da pstoryi Pravaslaunai Belaruskai Tsarkva. - Zhyrovshchi. 2004.

64.   Melnikov A. Arquimandrita. Zhirovitsky monastery in the history of the Western Russian dioceses. - Odessa. 1964. - 280 c. dactilografado.

65.   Menskaya gazeta. - 1942. - 7 neve.

66.   Narysy pstoryi Belarus U 2 ch. / M.P. Kasciuk, 1.M. 1gnatsenka, U.1. Vyshynsyu 1 1nsh. - Minsk: Bielorrússia. 1995. - Ч. 2. - 560 c.

67.   Arquivo Nacional da República da Bielorrússia. f. 3. op. 1. д. 1145.

68.   ibid. f. 4. op. 2. д. 146.

69.   ibid. f. 4. op. 29. д. 146.

70.   ibid. f. 4. op. 29. д. 539.

71.   ibid. f. 4. op. 47. д. 19.

72.   ibid. f. 370. op. 1. д. 1.

73.   ibid. f. 370. op. 1. д. 2.

74.   ibid. f. 370. op. 1. д. 3.

75.   ibid. f. 370. op. 1. д. 25.

76.   ibid. f. 370. op. 1. д. 177.

77.   ibid. f. 370. op. 1. д. 305.

78.   ibid. f. 370. op. 1. д. 378.

79.   ibid. f. 370. op. 1. д. 382.

80.   ibid. f. 370. op. 1. д. 386.

81.   ibid. f. 370. op. 1. д. 387.

82.   ibid. f. 370. op. 1. д. 418.

83.   ibid. f. 370. op. 1. д. 433.

84. ibid. f. 370. op. 1. д. 436.

85. ibid. f. 370. op. 2. д. 1271.

86. ibid. f. 750. op. 1. д. 239.

87. ibid. 381, op. 1, d. 2.

88. ibid. 384, op. 1, d. 177.

89. ibid. f. 861, op. 1, d. 3.

90. ibid. f. 861, op. 1, d. 6.

91. ibid. f. 951, op. 1, d. 1.

92. ibid. f. 951, op. 1, d. 2.

93. ibid. f. 951, op. 1, d. 3.

94. ibid. f. 951, op. 2, d. 1.

95. ibid. f. 951, op. 2, d. 2.

96. ibid. f. 951, op. 2, d. 3.

97. ibid. 3500, op. 2, d. 1299.

98. Novo caminho. - Bobruisk. - 1943.

99. Poluyanov M. 60 anos de serviço à Igreja // Tserkvonoe slovo. - 1996. - № 11. - C. 1.

100. Raina P.K. We are children of one Fatherland // Slovo. - 1989. - № 11. - C. 12 - 15; Raina P. Juntamente com milagre-godatyrs / / Ciência e Religião. - 1995 .- № 5. - C. 7 - 8.

101. Cálculos efectuados por S.V. Silova, 1999.

102. A Igreja Ortodoxa Russa e a Grande Guerra Patriótica. - Editora do Patriarcado de Moscovo, 1943. - 99 c.

103. Sovetskaya Belorussia. - 1961. - 9 de abril.

104. Ibid. - 1965. - 7 de abril.

105. A União Soviética durante a Grande Guerra Patriótica / Editado por A.M. Samsonov. - Moscovo: Nauka, 1985. - 711 c.

106. Smirnov A. Opositores da cruz do Senhor// Revista do Patriarcado de Moscovo. - 1943. - № 3.

107. Estatuto do Santo Pravaslaunai Belarusian Autakefalnai Tsarkva //Kasiak I. Z gyutoryp pravaslaunai tsarkva Belaruskaia narodu. - Nova Iorque: BCR, 1956. - C. 173 - 188.

108. Turonak Y. Belarus under the German occupation. - Mshsk: Bielorrússia, 1993. - 232 c.

109. Tychyna M. Partyzansk batsyushka // Lggaratura i mastatstva. - 1972. - 14 Studzenya.

110. Igrejas e paróquias de Minsk (história e modernidade). - Minsk: Irmandade Ortodoxa Bielorrussa dos Três Mártires de Vilna, 1996 - 102 p.

111. Sheikin G. Polotsk diocese (historical and statistical review) - Minsk: Belarusian Orthodox Brotherhood of three Vilna Martyrs, 1997. - 95 c.

112. Enciclopédia da História da Bielorrússia 6 vol. - Mshsk: BelEn. - T. 2. - 494 c.

113. Pospelovsky D.V. Russian Orthodox Church in the Twentieth Century (Igreja Ortodoxa Russa no Século XX). - M: Respublika, 1995. - 510 c.

114. Tsypin V. História da Igreja Russa 1917-1997. - M.: Izd-vo Spasso-Preobrazhensky Vaalamsky Monastery, 1997. - T. 9, - 832 c.

115. Shkarovsky M.V. Policy of the Third Reich in relation to the Russian Orthodox Church in the light of archival materials of 1935 - 1945 years (collection of documents). - Moscovo, 2003.

116. Silova S.V. Orthodox Church in Belarus during the Great Patriotic War: Study Guide. - Grodno: GrSU, 2002.

117. Krivonos F. Lives of the priest-martyrs of the Minsk diocese (1st half of the 20th century). - Minsk, 2002.

118. O Terceiro Reich e a Igreja Ortodoxa // Ciência e Religião. - 1995. - № 5. - C .22 - 23.

119. Resolução do Comité Executivo Central de toda a Rússia e do SNK da RSFSR de 08.04.1929 "Sobre as Associações Religiosas"/Investigações do Comité Executivo Central da URSS e do Comité Executivo Central de toda a Rússia de 26, 27, 28 de abril de 1929 - n° 96, 97, 98.

120. A Igreja Russa na viragem do século. Conselho Jubilar dos Bispos do Patriarcado de Moscovo. - São Petersburgo: editora "Tsarskoe Delo", 2001. - 319 c.

Svetlana Vladimirovna Silova. Nasceu em Grodno, licenciou-se na Faculdade de História da Universidade Estatal de Grodno. Em 2000, defendeu a sua tese de doutoramento sobre "A Igreja Ortodoxa na Bielorrússia durante a Grande Guerra Patriótica". É professora associada do Departamento de História da Bielorrússia da Universidade Estatal Yanka Kupala de Grodno. Autora do livro "A Igreja Ortodoxa na Bielorrússia durante a Grande Guerra Patriótica: Livro de Texto" - Grodno: GrSU, 2002.

FSC
www.fsc.org
MIX
Papier aus verantwortungsvollen Quellen
Paper from responsible sources
FSC® C105338